ファントム・コールズ
PHANTOM CALLS

人種とNBAのグローバル化
Race and the Globalization of the NBA

グラント・ファレッド 著　　千葉 直樹 訳
Grant Farred

晃洋書房

PHANTOM CALLS: Race and the Globalization of the NBA
by Grant Farred

日本語版への序文

どのようにあの概念的な領域は変化してきたのか。英語版『ファントム・コールズ：NBAの人種とグローバル化』（二〇〇六）の出版からほぼ二〇年が経った。少なくとも人種と人種差別の問題に関する状況はどのように変わり、この問題は、グローバルなスポーツのイメージにおいてアジア系競技者にどのように関係するかについて、われわれは語れるかもしれない。二〇〇四—〇五年シーズンのNBAプレイオフで、中国選手の姚明に対してなされた審判の判定が引き起こしたファントム・コールズを中心とした一連の出来事は、現在でもわれわれの思考に影響を与えている。しかし、変化してきたことは、アジア人の身体との関係で明らかになったように、われわれが人種と人種差別の複雑さをいかに理解するかである。当時NBAヒューストン・ロケッツのセンターであった姚明の事件は、歴史的な参照点としての重要性を保っている。しかし、現在、その重要性は、人種差別と競技的な身体を考える上で、アジア人の身体が以前に無視されていた人種的な側面をいかに導入したかに関する最初の表現としての立場に由来する。

これまでの二〇年間で特に最近になって、アジア人の身体と人種・人種差別の関係は、新しい形と予想外の軌跡の両方を想定してきた。新しい形とは、異なる身体、正確に言えば、異なる身体たちである。大まかに言えば、この新しい軌跡は、大坂なおみに要約される。アメリカで活躍する日本人選手を誰か選ぶとすれば、NBAドラフト一巡目で指名された最初にして唯一の日本人選手の八村塁や、ロサンゼルス・エンゼルスの二刀流スターである大谷翔平をあげるだろう。現代野球においてて打って投げる選手は本当に稀少だ。一九三〇年代まで二刀流の選手は珍しくなく、もちろん名選手のベーブ・ルースもそうであった。ニグロリーグのカンザスシティ・モナークス（ジャッキー・ロビンソンがブルックリン・ドジャーズで人種の壁を破るまでプレーしたチーム）のバレット・ローガンは、一九二〇年代に二刀流の選手として優れた成績をあげていた。大谷の稀有な技術は、「イチロー」（本名、鈴木一郎）と呼ばれた唯一無二の存在以来、彼を最も著名な野球選手にした。ゴールデングラブ賞を複数回受賞したイチローは、二〇〇一年にアメリカンリーグの最優秀選手に選ばれ、メジャーリーグで一九年のうち一四年間シアトル・マリナーズで活躍した。

しかし、これらの（男性）競技者とならんでも、業績がどうであれ、表現の場所を逆転させる能力において大坂に匹敵する者はいない。『ファントム・コールズ』では、アメリカスポーツ界で活躍する中国人の姚明からその地政学的な焦点を変えることはできないが、この序文は、直接的に日本人読者を念頭に置くのみならず、大坂がアジア人の競技的な身体と人種に関わる議論を再び方向付けるやり方を意識している。われわれは、彼女がアメリカで人種と人種差別の言説に強い結びつきを保っていることも認識している。日本人の母親とハイチ人の父親の娘である大坂は、三歳からアメリカで育てられた。

大坂は、日本の国旗の下でプレイするのを主張するのと同様に、ハイチ系日本人であると同時にアメリカ人でもあると言えるだろう。大坂は、アフリカ系アメリカ人のバスケットボール選手であるレブロン・ジェームスと黒人の英国人Ｆ１ドライバーのルイス・ハミルトンと同じくらい著名で、ミネアポリスの警察官によるジョージ・フロイドの殺害をきっかけに、黒人のアメリカ人と他の人種的少数派に対する警察の暴力に注目を集めると同時に、ブラック・ライブス・マター（黒人の命だって大事だ）運動を支える上で重要な役割を果たした。大坂は、アメリカ育ちのハイチ系日本人のテニススターであり、容赦ないグローバル化が進む現代にふさわしく、人種的不公正を目にしたらいつでもどこでも発言する、あるいは行動することが求められている国際的黒人事情に責任を持つと考える、黒人競技者の一群に属している。

しかし、大坂がここで最も関心を持たれているのは、母国である日本との関係である。大坂は、人種差別主義が日本社会に浸透する構造に関心を引きつけることに取り組んできた。もし姚明が、人種、人種差別、バスケットボールの国際化の歴史（少なくとも中国に普及する一九世紀後半に遡る）、グローバル資本の策略と一見止められない普及、中国の地政学的な野心をアジア人の競技的身体と結びつけたとしたら、大坂はこの過程を逆転した。彼女は、日本人の文化的遺産に誇りを持っていたために、日の丸の下でプレイすることに誇りを表明したことと同時に、日本での国民的な消費へと彼女を前面に押し出したものは、ハイチ系日本人の身体が持つ黒人らしさであった。日本が彼女をわれわれのスター、「自分たちのナオミ」と呼んで喜ぶなら、彼女は自分が忠誠を誓う国の欠点を常に思い起こさせる役割を果す。日本の欠点とは、人種や人種差別に関する意識である。

運動能力の高さが大坂を同胞の口に合うように、つまり受け入れられるようにするのだと、彼女は繰り返し思い出させている。彼女の黒人らしさが、まさに同胞にとって他者であることを、大坂は日本に繰り返し思い出させる。議論の余地はあるが、競技大会での栄光、国家を美化する栄光を求める探究において都合良く排除された黒人らしさは、大坂が国家の人種的意識あるいは、人種差別主義者の無意識の最前線に留まり続けることを主張するまさに他者性、つまり、日本人であること、あるいは、日本人ではないことに目を向けさせる。大坂が指摘するように、人種差別的な意識の問題は、彼女の競技実績がある種の毒入り聖杯として出現するまで、日本社会はほとんど無視することができた。黒人の日本人競技者を称賛する国家は、現在、国民的な身体がどのように構成されているかに関する日本人の国民意識の理解に完全に適合しない競技的身体によって、競技場で代表されることの意味と格闘させられている。

これまで四度のグランドスラム制覇によって賞賛されたテニス選手は、国民の意識を断ち切り、人種や人種差別との対決へと向かわせる、同じ競技者である。それは海外の話ではなく、自国の裏庭での話である。日本は現在、人種や人種差別と向き合い、理解し、理解されなければならない言説の場と化している。なぜなら、「日本」という名前、いわば国民アイデンティティが、今や不都合な身体によって担われているからだ。しかも、不都合な身体は、日本人であることの権利を主張している。その身体は、自ら進んで日本という政治体制に取りつき、その中に身を置いている。その愛着は、自己と国家をめぐる議論、国家代表をめぐる議論、誰が日本人の代表であると理解されるかをめぐる議論を混乱させ、場合によっては失礼で、暴力的ですらある言説として機能せずにはおかない。この問いは、「日本人であるとはどういうことか」、「日本人とは誰か」という明白な存在論的な問いを越えて、われわれに迫ってくる。

いや、これらの問いは、十分なものではないだろう。それは、問われなければならない本質的な問いであり、国民的な自己理解の核心に迫る内在的な問いである。その問いとは、誰が日本人の身体を例証するかである。大坂の身体は、日本人と「認識」できるかもしれないし、そうでないかもしれないが、「日本人の身体」を執拗に、少なくとも潜在的には解体しているだけでなく、文字通り、どこか他からの身体、他所からの身体、黒人の場所、ハイチが日本人の政治的な身体に入りこんできたのである。

しかし、混乱させる他者性の結果は、日本を例外的な場所ではなくさせた。つまり、人種差別の問題は、黒人の身体や精神を標的にするために、日本人によってもはや国民的な自己認識に関して無関心であると言うことができない。黒人の身体を傷つきやすくし、黒人の精神を取り返しのつかない暴力で傷つける人種と人種差別は、アメリカ、英国、フランスの彼方に属する問題ではなく、東京、大阪、京都、横浜というこちらで現在、強力に作用している。

あらゆる他の帝国的な権力と同様に、日本は、現在、他者とともに生きるということの意味の向こう側に何があるのかという問題に直面している。ヘーゲルは、結局のところ、「主人」と「奴隷」の関係を描くことで、すでにこの問題に決着をつけている。主人が奴隷に出会う瞬間、それは奴隷が主人の意識の中に、永遠に不可逆的に入り込む瞬間である、とヘーゲルは教えてくれる。最初の出会いこそが、主人と奴隷を断ち切ることのできない絆で結ぶ時である。つまり、試合終了というわけだ。

いや、それはわれわれが気にかけるべき問題ではない。むしろ、われわれが注目すべきは、日本がもはや人種、つまり、端的に言えば黒人との国家的関わりを遅延させられないということである。グローバル化を常に特徴づけるイデオロギー的な脆弱さは、組織的なものである。もし組織のなかで何か一つが変われば全てが変わり、現在では全てが問題にされる。

大坂なおみのグランドスラム制覇と同様に、国家としての日本が直接的に直面する数々の問題がある。そのうちのいくつかを、全てではないが、ここで明らかにした。

大坂なおみの黒人らしさは、『ファントム・コールズ』がNBAプレイオフにおけるアジア系身体としての姚明の経験を取り上げたのとは一致しない作用をもたらしているが、それは決して悪いことではない。一致しないことは確かだが、必ずしもそうではない。姚明の事件は、彼が中国人であることを二の次にする効果があった。

もし大坂が姚明の後に続く問題、状態だとしたら、それは大坂なおみが紛れもなく強固に、日本人であることを、黒人という登録でありながら日本人であると考えることを、避けられない要求としているからである。

大坂の黒人であることの主張は、日本の国民意識と同様に人種的無意識に潜むあらゆる亡霊との最初の出会いを示すのだろうか。

原著者　グラント・ファレッド

ファントム・コールズ　目次

序章

亡霊が喋っている。これは何を意味するのか。

ジャック・デリダ『アーカイヴの病―フロイトの印象』

1

二〇〇四―〇五年シーズン、NBA（ナショナル・バスケットボール・アソシエーション）プレイオフ第五戦、ヒューストン・ロケッツ対ダラス・マーベリックス。ロケッツのスター選手、中国出身センターの姚明《ヤオ・ミン》が複数のファウルを宣告された。姚は判定に困惑し、少し落ち込んでさえいた。コーチのジェフ・ヴァン・ガンディは彼のそばで憤っていた。姚の活躍にもかかわらずロケッツが敗れた試合の後、ヴァン・ガンディは青ざめた顔で審判の「亡霊判定《ファントム・コールズ》」を非難した。その怒りの声明はNBAのみならず世界へと広まった。論争は、人種、民族性、ナショナリズムという一触即発な問題だけでなく、二一世紀初頭のグローバル資本主義の作用までも巻き込みながら、ヒューストン、テキサスから、姚の故郷である中国の上海へと拡大していった。

しかし、これらの問題を提起する上で姚に何か不思議な能力があるとしたら、アメリカの社会政治に潜在する亡霊を逆説的に呼び覚ます、中国人の歴史的な背景がある。テキサス人がプロチームの本拠地としてヒューストンを夢想するより何十年も前に、バスケットボールは中国に伝わっていた。中国人スター選手の姚は、二〇〇二年六月にヒューストン・ロケッツによってドラフト指名されたが、バスケットボールは一八九一年の誕生後まもなく、中国にも普及していた。ＮＢＡは現在、十分にグローバル化されたリーグかもしれない。しかしバスケットボールは、一九世紀後半に誕生した瞬間からグローバルなスポーツとなっていた。

バスケットボールは、一八九一年冬のニューイングランドにて、カナダ生まれのジェームス・ネイスミスによって発明された。このスポーツは、ネイスミスがマサチューセッツ州スプリングフィールドのＹＭＣＡ（キリスト教青年会）で、間に合わせの「コート」の両端に二つの桃の籠を壁につるした瞬間から人気を博した。ただしネイスミスは、後にスポーツ史家のピーター・ビョークマンが「アメリカ原産のゲーム」と呼んだような新しいゲームを生み出したつもりではなかった。彼はただ、フットボール選手が屋外に出るには余りに寒すぎると考え、屋内での運動を提供しようとしただけだった。もちろんそれから数年の間に、そのスポーツが極東にまで到達しようとはネイスミスが知る由もなかった。姚のＮＢＡ加入は（市場を中国に拡張しようとするＮＢＡの何十年にもわたる野望はひとまず置いておくとして）ネイスミスとは関係なく、ＹＭＣＡの福音主義的な政策によるものだった。カナダ人のゲームを中国に普及させたのは、キリスト教の宣教師だった。ＹＭＣＡの宣教師は、いつものようにネイスミスに誘われ、体育館でバスケットボールの技術を磨いていた。彼らは筋骨たくましいキリスト教徒として、聖書と『バスケットボールの一三か条』と記された冊子だけを手に、身体能力に自信のない植民地の人々に、まだ十分に馴染みのないゲームを教えながら魂の勧誘に努めた。

もし、二一世紀のNBA少数派としての姚の出現を、一九世紀後半のYMCAの宣教政策で説明するとすれば、彼の地位は二〇世紀のアメリカ・バスケットボールの人種・社会・経済的な歴史を短く描写するだけで説明できる。アメリカのプロバスケットボールは現在と違い、常に儲けのでる魅力的な事業ではなかった。その起源は、財政面で生き残るための苦闘に満ちた歴史が示すように、現在よりずっとみすぼらしいものであった。姚は、マイケル・ジョーダンの輝きで充満しグローバル化された、おそらくポスト人種的なNBAに入った。しかしその前世紀には、リーグは支配的少数派であるアフリカ系アメリカ人の闘争に満ち溢れていた。黒人選手はバスケットボールのみならず、全てのアメリカスポーツで対等な選手として参加する権利を確保するために人種差別と闘ってきた。スプリングフィールドから上海へ、アフリカ系アメリカ人のマイケル・ジョーダンからアジア人の姚明への道は、YMCAから中国の国営バスケットボール、NBAだけでなく、ジャッキー・ロビンソンの歴史的出来事や、メジャーリーグの統合へと一貫して続いている。

『NBAの歴史』の著者ブジャークマンによると、バスケットボールはアジアでの地位を確立してアメリカで「野火のように広まった」。バスケットボールは二〇世紀初頭、アメリカの大学で採用され、リーグ戦の巡業はアメリカ娯楽産業に欠かせないものとなった。実際、バスケットボールはダンスやビッグバンドのコンサートを行う舞踏場で頻繁に開催された。全員黒人のニューヨーク・ルネッサンス（「レンズ」）がその名前をもらったのは、まさにルネッサンス・カジノ＆ボールルームであった。しかしバスケットボールは誕生して数十年の間、無計画の事業のままだった。そこを本拠地とするチームがやって来たと思えば、すぐに去って行った。リーグは始まってまもなく閉鎖された。しかしバスケットボールはこの期間、アメリカの中心地を縦横無尽に駆け抜け、シボイガンやオシュコシュのような小さな中西部の町にまで到達した。

プロバスケットボールが軌道に乗り始めるのは、第二次世界大戦後である。NBAの初期母体は、シラキュースやフォートウェインのような小さな都市で、少ない観客、薄給、横ばいの利益とともにあり、後の一九八〇年代や九〇年代と比べれば銀河系のように遠く離れた存在だった。NBAは「マジック」・ジョンソンとラリー・バードのライバル関係によって盛り上がり、マイケル・ジョーダンという空前絶後の才能によって感化された。その姿はリーグ黎明期に活躍した競技者にとっては全く信じられないものだった。マジックとバードが一九七九年にNBAに入ると、リーグは文字通り、地球上の至る所で観客（と選手）を魅了する様式を生み出した。リーグは、シカゴからキングストン、キンシャサまで、NBAのスター選手（他の者の余地もあるにせよ、紛れもなくジョーダンを筆頭に）を聞き慣れた名前にした（そのリストには、屈強で競争力のあるスターセンターのモーゼス・マローンとパトリック・ユーイングを含む。彼らは後に、異なる能力を発揮して姚とともに働く）。

その頃のリーグは、ＢＡＡ（アメリカ・バスケットボール協会）とＮＢＬ（ナショナル・バスケットボール・リーグ）の合併によって誕生した一九四九年のＮＢＡからはかけ離れていた。最初のコミッショナーであるモーリス・ポドロフは、然るべくしてカナダ人であった。ポドロフの偉大な功績は、新リーグの運営に加え、人種統合を進めたことであった。アフリカ系アメリカ人はその誕生からバスケットボールをプレイしてきたにもかかわらず、レンズやハーレム・グローブトロッターズ[一]のような誇り高く有名なチームの本拠地は、ＮＢＡの創設シーズンに含まれていなかったのである。

　バスケットボールは（「国民的娯楽の[二]」栄誉を野球に持っていかれたために）「アメリカのゲーム」ではなく、その統合はメジャーリーグでのジャッキー・ロビンソンの登場ほど華々しくもなければ、ボストン・ブレーブスと対戦した一九四七年のゲームでブルックリン・ドジャース[三]のためにフィールドに登場した、ただ独りの黒人男性の出来事ほど記念されるものでもなかった。しかし、サンフランシスコ・ジャイアンツの人気外野手バリー・ボンズが数年前に指摘したように、それらはアメリカ人が文化的生活における注目すべき瞬間だったにもかかわらず、現在ではほとんどの選手、観客、関係者にとって失われた社会政治的な事件となっている。現在、多くの選手は、ジャッキー・ロビンソンが誰なのか、彼が野球に対して何を成し遂げたのかを知らない。

　バスケットボールの「人種」統合の物語は、それよりもさらに顧みられず、ほとんど知られてさえいない。この話は、文化的時代の霧の中に消えてしまった遺産であり、スポーツ歴史家や、ウェイン・エンブリー（一九五〇年代後半から一九六〇年代半ばまでシンシナティ・ロイヤルズのセンター）のような往年のアフリカ系アメリカ人によってのみ思い出される。しかしボストンは、一九五〇年四月二五日、NBAで最初の黒人選手チャールズ・クーパーを、デュケイン大学からドラフト二巡目で上位指名した。ワシントンは九巡目にウェスト・バージニア州立大学からアール・ロイドを指名し、最後にニューヨークは、ハーレム・グローブトロッターズという近所のチームからナット・「スウィートウォーター」・クリフトンの契約を買い取った。エンブリーの詩的な副題をつけた自伝『インサイド・ゲーム：NBAの人種、権力、政治』は、歴史的瞬間の回想を通して明白な誇りを示した。

黒人に課せられた文化的意義の矛盾にもかかわらず、これらのスポーツ統合の瞬間が複雑に結びつくのはこのためである。NBAでのクーパー、ロイド、クリフトンのNBAでの活躍を可能にしたのは、ジャッキー・ロビンソンが人種の障壁を破ったからであった。エンブリーは、自分も同じだと理解していた。エンブリーは、ロイヤルズの小ぶり（二メートル三センチ）のセンターとして熾烈な闘争心を持った古参選手であり、（バスケットボールと野球の両方において）プロのアフリカ系アメリカ人の代表と見なされていた。彼は、公民権運動との歴史的な近さ、彼らの青年時代における、仲間の功績の大きさを理解していた。ロビンソンがブルックリン・ドジャーズで活躍した後、プロバスケットボールは、先例に従う以外に選択肢はなかった。一九五〇年に起こったNBAの人種統合は、必然的に歴史ある黒人本拠地の崩壊を意味した。ワシントン、ボストン、ニューヨークが才能ある黒人選手を引き抜き始めたからだ。これらのチームのうち、自らを維持してNBAの前座の余興としてのみ生き残ることができたのはグローブトロッターズだけである。かつて彼らは傑出した人気があり、地方巡業ができる非常に競争力のあるあまりにも派手な道化であった。統合の話ほど速くはないにせよ、すぐに消えてしまったのはマジック・バード・ジョーダン時代以前のＮＢＡの記憶である。バスケットボール史のゴミ箱に捨てられたのは、現リーグの礎となった選手とチームであった。元祖「大男」は、ジョージ・マイカンであった。二メートル八センチのマイカンは「スニーカーを履いたゴリアテ」(四)で、プロバスケットボールに現れた最初の大男であり、ＮＢＬとＮＢＡの両方を支配し、それぞれのリーグで何度も優勝を果たした。デポール大学卒のマイカンは、ＮＢＡ最初の名門チームであったミネアポリス・レイカーズ(五)を支え、一九五〇年から一九五五年の間に四回の優勝に貢献した。

しかしレイカーズとマイカンの成功は、ＮＢＡの最も偉大な名門チーム、ボストン・セルティックスの出現によってすぐに陰りを見せ始めた。一九五七年から一九六九年までビル・ラッセルが完全に支配した時代は、バスケットボール史において「セルティックス王朝《ミスティーク》」という唯一の呼び名を獲得させた。セルティックスは葉巻の煙をまき散らすレッド・アワーバックが率いた一九六六年までの黄金時代に、全てのチームを蹴散らした。一九六六年夏に、ビル・ラッセルを選手兼任コーチに指名したアワーバックの決断は、小さな歴史的な意義を持つ程度のことではなく、ラッセルをＮＢＡで最初の黒人コーチにした。彼は、ボブ・クージー、ジョン・ハブリチェック、トム・ヘインソーン、サム・ジョーンズという仲間とともにセルティックスを牽引し、他の全チームより羨望の眼差しで見られた。もちろん、この時代の最も忘れがたい名場面は、ラッセルとウィルト・チェンバレンのライバル関係である。チェンバレンは当初フィラデルフィアの派手なセンターで、後にロサンゼルス・レイカーズで活躍した。ウィルトは、かつて一試合で一〇〇点を取るほどの攻撃力を持っていたが、ラッセルのセルティックスに毎回敗れた。

もしESPNのスポーツセンターがダンクシュートを評価しなかったならば、一九七〇年代初頭のABA（アメリカ・バスケットボール協会）の魅力ある人気選手としてのジュリアス・アービングの時代は、大衆の記憶から完全に消え去っていたであろう。ルー・アルシンダー（後のカリーム・アブドゥル＝ジャバー）の大学での輝かしい経歴と優雅さも同じような脅威の下にあった。彼の代名詞「ベビー・スカイフック」は、対戦相手から「守れない」シュートとして称賛された。彼がバックスとレイカーズでセンターのポジションを担った当時の出来事は、ESPNのアーカイヴと郷愁によって思い出される。

最後に、一九七〇年代半ばから一九八〇年代初頭までNBAに蔓延した薬物スキャンダルは、現在ほんのかすかに匂うものにすぎない。この問題は、コミッショナーのデビッド・スターンの断固たる対策によって一掃された。薬物疑惑はリーグ創設以来数十年の間、「黒人」にとって一様ではなかった。弁護士のスターンは悪評、不名誉、失われたテレビ放映権、自滅傾向からNBAを救ったことで信頼されるようになった。[六] NBAの地位急落は、ロサンゼルス対フィラデルフィアの一九八〇年ファイナルを、CBSで真夜中に録画放送させるだけに留めていた。スターンは、幸運な時代にコミッショナーの仕事を引き受けたと言える。彼は一九八三年にコミッショナーになるが、それはジョーダンがＮＢＡに入る前年であり、ちょうどリーグが一九七〇年代の「失われた一〇年」から回復する時であった。ＮＢＡは、マジックとバードの偽装された人種的ライバル関係のお陰で、東西両海岸にわたって健全な状態にかろうじて回復する道を歩んでいた。

一般にそう思われている通り、（実際は黒人選手ばかりで黒人コーチに指導されていた）「白人の」セルティックスと、（アドルフ・ラップ・コーチが隔離政策の利点を頑なに信じるケンタッキー大学卒業の白人パット・ライリーに指揮されていた）「黒人の」レイカーズの対決と煽り立てられた。レイカーズは、コート内外での動きが派手で高度に洗練されており、アブドゥル＝ジャバーという頑丈なセンターといつも笑っているマジックに率いられ、「格好良いＮＢＡ」の元祖であった。しかしＮＢＡの命運を復活させる重要性と比べると、マジックとバードは真の（黒人の）救世主に対し、二つの人種の洗礼者ヨハネを演じる以上のことはほとんどしていなかった。

この社会現象はなかなかのものだったがまだ序の口で、ＮＢＡの復活にとって当然、マイケル・ジョーダンが絶対的な中心だった。ジョーダンはひとりで一九八〇年代半ば以降、リーグの成長とグローバル企業への拡張を担った。もし、セルティックスとレイカーズのライバル関係がＮＢＡに新しい文化的・経済的な基盤をもたらしたとするならば、全く新しい文化経済圏への道を開いたのはジョーダンだった。彼の滞空時間《エアネス》の長いダンクは、ＮＢＡを全世界へと繋いだ。ウォルター・ラフィーバーによると「ジョーダンを際立たせたのは、グローバル市場での彼の成功」であった。ジョーダンは、ＮＢＡをグローバルな存在に変えた。つまり、彼はＮＢＡでプレイしつつ全世界に所属していた。ジョーダンは国内リーグからグローバルリーグへの変革の瞬間に所属し、最も優れた業績を残した。彼の滞空時間の長いダンクは、ＮＢＡの果てしない国際的成長を可能にした。彼の経歴は、一九八〇年代以降の新自由主義的資本主義の爆発的な成長を象徴していた。

レーガン大統領の時代、映画『ウォール街』の登場人物ゴードン・ゲッコーのセリフによれば「欲は善」であり、資本は際限なく拡張できると信じられていた。ジョーダンとＮＢＡが完全に理解していたことは、「自分第一」という貪欲主義であった。リーグはゴールデンタイムの文化的コンテンツとしての立場を確実にし、国内外での拡張に目を向け、それは胸に秘めたスローガンとなった。スターンにとって世界は市場にすぎなかった。すなわち、ＮＢＡは自らを消耗品として売ることができた。既にヨーロッパは選手を着実に供給しており、スターンは世界の残りの地域に目標を定めた。コミッショナーの就任期間初期であった一九八〇年代半ば、世界で最も大きな市場になると見込まれていた中国への関心を口にする。ジョーダンは一九八四年にシカゴ・ブルズに入団。その頃、ポスト冷戦期の世界が形作られはじめていた。この時代、グローバル資本の流れと彼のイメージ拡散能力が、ジョーダンにノースカロライナ州出身とシカゴ・ブルズ所属を両立させることを可能にした。彼はただ「マイケル・ジョーダン」であり、つまりブルズはせいぜい脇役で、ひいては彼の偉大さを証明する舞台にすぎなかった。最も顕著なことにスターン派の精神は、ジョーダンがアメリカ社会自体を飛び超えることを可能にした。ジョーダンは二〇〇三年の引退時、世界で最も知られたアメリカの競技者の一人となっていた。

ジョーダンは、ナイキ、マクドナルド、ウィーティーズ、ヘインズ他、無数の提携企業の助けを借り、資本とスポーツの相互作用を単独で変えた競技者だった。彼はおよそ二〇年にわたり、NBA、メディア、彼自身のアイコンとなる存在から構成される商業結婚における要であった。この三角関係は、全ての関係者に何百万ドルもの利益を生み出した。バスケットボールは瞬く間に世界で最も儲かるスポーツの一つとなり、北京からバルセロナ、ブエノスアイレスに至るまで、チーム、選手、コーチ、メディア、広告主、スポンサーに毎年数十億ドルの利益をもたらした。ジョーダンの世界的アイコンとしての台頭は、NBAにとって天からの贈り物のようであった。

バスケットボールは長い国際的な歴史を持つが、ジョーダン出現後のNBAは初めて真のグローバルな影響力を得るに至った。NBAは二〇〇四―〇五年シーズン、三五か国八一名の国際的な選手が登録されていることを吹聴した。その上位を占めるのはアルゼンチンからトルコ、クロアチアからスロベニア、コンゴからスペインまでの選手であった。NBAのグローバル化は、毎年行われるドラフト当日の進行表を見れば一目瞭然だ。一九九四年にドラフト指名された外国人選手はわずか四名だった一方、五年後にその数は一〇名にまで増えていた。

二〇〇五年六月には一八名の外国出身選手がドラフトで選ばれ、その中には、ミルウォーキー・バックスが一巡目一位指名したオーストラリアのアンドリュー・ボーガットもいた。バスケットボール界の隅々までアメリカ文化と資本が浸透し、NBAのグローバル化を成功させた。結果的に世界は、ますますNBA化している。一つの大陸だけでなく別の大陸でも、バスケットボール用具、バッシュ、レプリカのユニフォーム、帽子などあらゆる種類の持ち物が非常に嗜好性の高い消耗品になった。もちろんそれは付随するヒップホップ文化を牽引し、人目を引くタトゥー、髪型、「粗野な」言葉、派手な宝石のすべてを広めた。さらにバスケットボールは、かつて支配的だった伝統スポーツに取って代わり始めている。英語圏のカリブ海地域で、関係者はクリケットの未来を心配している。ジャマイカとトリニダードの若者が、バスケットボールの夢を持ち始めているからだ。中国では、サッカーの時代が過ぎ去り二番目の人気となる一方で、バスケットボール・コートが上海や北京で茸のように乱立している。

しかし、国際化の結果としてＮＢＡが予想しなかったことは、ジョーダン出現後のグローバル化が不意に幽霊(七)を蘇らせたことだった。ジョーダンの滞空時間の長いダンクによる慈愛に満ちた存在感は、人種という亡霊を確かに封じ込めたはずだった。亡霊とは、社会の「通常」の機能を妨げる力のために恐れられている、政治の語られない側面である。亡霊が恐れられるのは、その存在が政治的身体に取り憑いているだけでなく、無秩序な性質が機能していない時でさえ、はっきりと現れるからである。亡霊は文字通りの意味で、小説『ハムレット』の王の幽霊や、ラルフ・エリソンの小説『見えない人間』における奴隷制度の歴史的な影響、トニ・モリソンの小説『ビラヴド』で殺害された子どもにも似ている。それらは全て、生きている人に一瞬の安らぎを与える。ジョーダン出現後のＮＢＡでは、人種は社会政治的な力として機能する。人種はしばしば予期せぬ方法で、隔離され、差別された不公正な過去の影響と再び関与することを余儀なくさせる。ポスト人種主義のジョーダン的言説によって一時的に鳴りを潜めていた人種問題は、現在クリフトンらの幽霊を思い出すように舞い戻っている。

亡霊は脅威だ。それは、非常によく似た他者と自己の関係の中に存在するからだ。つまりラッセルとウィルト、バードとマジック、姚と中国の分身である王のように、自己が結びつけられる他者の中にある。好敵手、ライバル、同胞という他者の幽霊は、自己の精神の奥深くに潜んでいる。そのため亡霊は常に危機であり、事件であり、悪夢を呼び覚ますことから再活性化と再分節化によって取り除かれようとする。NBAドラフトがますます国際的になるにつれ、人種の亡霊が再び登場し、ジョーダン時代に埋もれていたはずのNBAの過去の分裂的側面を蘇らせた。ニューズウィーク記者のブルックス・ラマーは次のように指摘した。「外国人の侵略は、当然のことながら、批判されている。それは、海外市場を搾取するためのNBAの熱心さについてぼやく人々から、選手がほとんど黒人で、観客と企業スポンサーの多くが白人であるリーグを、白人化する『真珠の滴』戦略の一部だと言う人々まで様々だ」。

しかし「真珠の滴戦略」という人種差別的な基盤は、時代錯誤的で人種的な二分法を生み出す。というのは、人種はジョーダン出現後の時代に、厳密に限定された黒人対白人という意味だけではなく、国際化されたNBAに現れているからである。「亡霊判定」に関して、人種は政治的影響の連鎖とみなされる。人種は、バスケットボール、公における身体に関する言説、国家それ自体との常に複雑な関係において、異なる歴史、大陸、経済、文化、すなわち、アメリカ人、アフリカ系アメリカ人、アジア人をともに結びつけることを求める。本書は姚明とNBAの人種的対立に関して黒人らしさ、白人らしさ、アジア人らしさという困難で歪められ、流動的な相互作用について探究する。この小論では、人種に関するこれらの緊張、認識、相互連結が、お互いとの関係においてどのように変化するかに焦点をあてる。人種は、ここで示されている意味で、資本の流れがほとんど妨げられていないこの瞬間において、幻想的に複雑な論理としてみなされる。人種と人種差別主義は程度の差こそあれ、グローバル化、民族性、複雑な反アメリカニズム、（アフリカ系アメリカ人の）人種意識に関する初期の、毅然として今なお有効な分節化の再現、ある国から別の国の状況への困難な翻訳などから構成されている。

人種という亡霊は、グローバル化する時代において、NBAの黒人（アフリカ系アメリカ人）多数派の身体を通してではなく、白人ではない少数派のアジア人において明確に現れる。「アジア人らしさ」は、アジア系アメリカ人を、アフリカ系アメリカ人の黒人らしさの外側にしばしば位置づけてきた。つまり人種の秩序において、アフリカ系アメリカ人の「上」ということである。アジア人は白人らしさの枠組みに完全に吸収されたことはないが、アフリカ系アメリカ人の手の届かない「模範的少数派」として白人らしさとの親和性を享受している。実際に、アジア人やアジア系アメリカ人を、白人や白人らしさと区別しない文化的な瞬間や様式は、ある時は一時的に、またある時はより永続的にある。

ここで亡霊判定《ファントム・コールズ》とは、歴史的な力の結びつきであり、人種の影響がNBAという政治的な場からどのように広まるかということを前提とする。その空間は、かつて支配的だった黒人対白人という人種的対立が、現在ではポスト人種ではないことを証明しているポスト人種時代へと変わってきた。実際、ＮＢＡの政治はまた人種という幽霊のような存在によって満たされており、現在はアジア人の身体を通して姿を変えられている。姚の事件を通して明らかになったことが、政治的におなじみの事態とは興味深い。アメリカの政治的風景に馴染みのある光景が、本来は珍しい中国人の身体を通して利用可能となり、再会させられる。もちろん「奇妙な」アジア人の身体は、ネイスミス派の一世紀以上にわたって、アメリカのバスケットボールから物理的には離れていても、概念的には親密なものであったということを除いて、ではある。この点で姚は、抑圧された政治的・文化的な亡霊を蘇らせるために遠くから「戻ってきた」遠い親戚の競技者と言える程度に、われわれの中でよそ者ではない。

姚の事件を通して論じられる人種は、亡霊判定においてグローバル化への批判としてだけでなく、新自由主義時代における（中国という）国家の身体と文化史に関する言説としても再構成される。姚は、中国と西洋の間に起こる一連の対立を呼び覚ます。この対立には、身体的劣等性に関する幽霊のような言説が埋め込まれている。つまりアジアは今もなお、（黒人身体の運動能力への特別な不安を抱く）西洋の身体というより強い「優越者」によって圧倒されてきたという歴史的な感覚である。この不安は、姚がＮＢＡ選手としての自身の特異性を振り返る時、明らかとなる。姚は二〇〇二年にヒューストン・ロケッツのドラフト一巡目指名を受けた瞬間から、アジア人やアジア系アメリカ人の文化的・歴史的な過剰表現の重荷をどれだけ自分が背負わなければならないかを理解していた。「飛込競技、体操、卓球。われわれはこれらのスポーツで常に優れた成績を上げてきました。バスケットボールではないのです。この球技は、西洋スポーツで、われわれは決して得意ではありませんでした。だから、中国にとってバスケットボールのスター選手はかなり重要なことを意味しています。それは少なくとも、一面では西洋と競争できるということを意味しているからです。それは中国が長い間信じていなかったことです」。

中国が直面する問題は、固有の歴史的事象である。この事象は、新自由主義的なアジア国家による支配の到来を表している。この国は、私的な見方と同様に、世界的な見方においても移行の過程に苦しんでいる。この移行は、国際的にも国内的にも批判されてきた過程である。中国は、文化大革命以降に起こった変化に対応しようとしている。共産党という政党の支配下で市場経済を採用し、当局への多くの挑戦、特に一九八九年六月の天安門事件を目の当たりにしてきた。中国は、強烈な矛盾に身を置いていると言える国である。つまり、カール・ポパーの用語である「開かれた社会」ではなく、「開かれた市場」を好む共産党によって監視された、新自由主義的な資本主義経済である。中国は現在、「民主的ではない資本主義」であり、計画経済のようなものは何もない名目上の社会主義国家である。西洋に深い疑念を抱きながら、過去一〇年間で西洋資本による外国直接投資の最大の受益者となった。中国は、文化大革命時に（個人を神聖視するために）体系化されたスポーツに強く反対していた一方、一九七九年にオリンピック運動に再加入して以来、積極的にメダルを追求した。中国は国家スポーツ体制に多額の資金を投入しているが、これは旧社会主義時代の同志であるソビエト連邦から受け継いだスポーツモデルである。

一章 「アジアの娼婦」の息子

毛沢東の農民軍が一年以内に上海に押し寄せ、カントリークラブで余暇を過ごしていた呑気な外国人は逃げ出した。中国の厳格な新しい支配者は、上海を「アジアの娼婦」に変えた資本主義の行き過ぎに愕然とし、「ブルジョアの影響力」を生み出す旧中心地の息を止めるための戦略の一環として、上海にある全てのクラブを押収した。

ブルックス・ラマー『姚明作戦』

姚は一九八〇年九月生まれで、両親はともにバスケットボール選手であった。父親の姚志源《ヤオ・ジーユアン》はただの熟練労働者だったが、母親の方鳳娣《ファン・フェンディー》は、一九七六年のアジア競技大会で中国代表に金メダルをもたらした（彼の両親は日常会話で「父の姚」と「母の方」、あるいは「大きな姚」と「大きな方」と呼ばれる）。方の金メダルは、中国で「籃球」と呼ばれるスポーツの一つであるバスケットボールで得たものであり、特に重要なものだった。姚は国営チームを卒業した後、故郷の上海シャークスに入団した。ＰＬＡ（人民解放軍）のチームである八一ロケッツに優勝決定戦で三連敗を喫した後、二〇〇二年にＣＢＡ（中国バスケットボール協会）の優勝に貢献した。「八一ロケッツ」は北京を本拠地としており、姚の強烈なライバルであるセンターの王治郅《ワン・ジジ》がスター選手として活躍していた。

王は、一九九九年にダラス・マーベリックスにドラフト指名され、二〇〇一年四月にＮＢＡのチームに入団した。王の移籍が遅れた理由は、ＣＢＡが国内最高の選手を失いたくなかったからだ。中国からアメリカへと、太平洋を越えてＣＢＡからＮＢＡへ、王と姚の経歴はお互いに幽霊のような影を落としてきた（中国代表チーム時代、王、姚、孟克巴特爾《メンケ・バータル》の三名のセンターは、自らを「中国の万里の長城」と呼んだ）。姚はライバルより三歳年下で、「王は、私が何者になれるかについて新しい道を示してくれた」と認める。さらに時間が経過するにつれ、王が何になることができなかったについても鋭い考えを持つようになった。姚と王の間に生じた緊張関係は、両者が異なる中国のイメージを体現することに端を発している。王は、人民解放軍の中尉として八一ロケッツでプレイし、北京に居を構え、全盛期を過ぎるまで中国共産党中枢の無表情な顔だった。彼が渡米するまでの間、王の「八一」は、ＣＢＡを席巻していた。

一方、姚の立場は、出身地である上海の国際色豊かで当世風の地位に由来するといわれる。上海は二〇世紀の変わり目に、世界で最も重要な都市の一つに数えられていた。この地位は二〇〇〇年初頭に一部回復し、植民地時代に「東洋のパリ」と呼ばれた上海は、アジアや欧米との文化・商業交流の中心地となった。しかし、西洋の近代化との親和性のために、第二次経済・文化復興が本格的に始まった一九四九年から一九九〇年までの間は、中国共産党による厳しい規制を受けた。上海は、植民地時代の条約港としての寄生的役割を非難され、「アジアの娼婦」と呼ばれていた。

ただこの呼び名は、上海の不法な民間伝承の重要な要素を説明しているかもしれない。上海人は、中国では傲慢さによって知られる（住民は他地域の人々よりも同胞から嫌われていると言われる）だけでなく、他地域の中国人よりも平均的に身長が高いことでも有名である。巷の噂によると、目に見える身体的な違いの理由は、解放前の性風俗産業が中国人以外の父親との間に一定の子どもを生み出したからだと言われている。姚の身長の高さは、同胞の中国人や国のスポーツ協会からも称賛されるが、上海の不法な歴史の論理に従うならば、遺伝的には中国ではない別の場所に由来するのだろう。姚の身長は、過去のものとなった上海の好色な時代の亡霊に起因し、他の幽霊と同じように上海が経済的・文化的に成功した二度目の台頭に伴って戻ってきた。現代では上海へ旅行する西洋人は、都市の壮大な建築的遺物の痕跡を捜しに行く。植民地時代の建物と緑豊かで細心の注意を払って設計された庭を持つ古い上海は、これらの訪問者が見たいと思う場所である。

それらの建築的な遺物には、より現代的なものもある。上海の新しい高層ビルの多くは増え続ける中産階級のために建設された。しかし一九九七年のアジア通貨危機の後、豪華な摩天楼の家賃を払えなくなった入居予定者によって、建設途中か空き家のまま取り残された。これらの高層ビルは「ゴーストタウン」と呼ばれるようになり、完全に放棄されたか、あるいは都市の住宅費を払えない農村部からの移民に引き継がれた。彼らは、無人でしばしば不完全な高層ビル群の中に住んで非常に満足していた。どちらの点においても、上海は古い過去とより最近の過去に悩まされる都市である。

上海人の民間伝承は、姚の並外れた身長に関するいわくありげな説とは対照的に、王にまで及んでおり、好色な歴史的説明というよりもむしろ系譜学的な説明に頼っている。ラマーは、『姚明作戦』の中で、姚と王は「遺伝的陰謀」による異常に背の高い産物であると主張している。ラマーは以下のように指摘している。「一九五〇年代以降、スポーツ組織は、全国で最も背の高い人々を管理された環境に集め、栄養とトレーニングを提供し、彼らの結婚と出産を促し、バスケットボール選手になるために最も背が高く、最も才能のある子孫を厳選した」。姚と同じように、王の両親である王偉君と任煥貞もバスケットボール選手であり、全国大会で活躍する実力者であった。実際、任は姚の母親の方と現役時代に対戦している。そして誰が見ても、任の方が優秀だった。評論家によると、方は文化大革命への強烈な忠誠心を持ってプレイしていた。姚の母は「好戦的な紅衛兵」であり、毛沢東による社会主義体制の中国という展望の冷酷な突撃隊員として記憶されている。

ラマーの主張の信憑性は、かなり強固な「遺伝的」（バスケットボールの）根拠に基づいているように思われる。特に中国のような閉鎖的社会では、科学的証拠は見つけるのが難しいかもしれない。そのため「成長ホルモン療法」の噂は、「新たな東ドイツ」と呼ばれる中国について根拠なく高まっている。人々は本物の脅威とともに、既に姚の宣伝イベントとして広く見なされている二〇〇八年の北京オリンピックを待つだけである。薬物疑惑やドーピングの見込み、役員と審判への圧力は、二〇〇八年大会を他の大会と似ても似つかないものにするかもしれない。予想通り姚が開会式で中国代表を率いる時、人々は最も背の高い旗手としてだけでなく、中国の新しい顔として彼に注目するだろう(八)。あるいは、新しい中国の顔とも言える。

中国バスケットボール協会による「レガシー」制度は、バスケットボール選手の子孫は、才能よりも血統によって優遇されるというもので、協会は彼らの任務である課外活動から非常に高い二次的恩恵を期待する事実上の結婚カウンセラーとして機能していた。しかし、このような仕組みにおいても上海人は有利であった。そもそも平均よりも背が高いため、この地域の選手は「でかい選手」を輩出する可能性が高い。このように姚は、地理的に王に勝る前提にあった。方の息子は、たとえ最初は気が進まなかったとしても、彼女のかつてのライバルである任の息子よりも常に背が高かった。そのため「アジアの娼婦」という鄧小平派の息子であることは、高身長、名声、当初、上海に侮蔑的な呼び名を与えた外国資本への接近には持ってこいだった。

二章

ファントム・コールズ

ＮＢＡとＣＢＡ（中国バスケットボール協会）はともにプロリーグだが、異なるスポーツを運営していると言っても過言ではないほどかけ離れている。ＣＢＡは静的で想像力に欠け、かなり「遅れて」おり、ＮＢＡでは日常的な身体接触に乏しい。ＮＢＡのガードは素早く、かつ非常に創造的であり、フォワードは敏速で力強く、コート上のほぼどこからでもシュートを打てる。ほとんどの選手は信念を持って守っている。中でもセンターほど肉体的に厳しいポジションはない。マイカン、ラッセル、アブドゥル・ジャバーは、守備に必要な逞しさの基準となった。一九八〇年代のマローン、ユーイング、オラジュワン、一九九〇年代のデビッド・ロビンソンとシャキール・オニール(九)は、それぞれ手堅い守備の伝統に独自の方法を付け加えた。常にセンター・ポジションは「制限区域内の支配的なプレイ」を前提としてきた。荒っぽい混乱の応酬は、最も戦闘的な場所であるゴール下で行われる。そこでは選手がもみ合い、お互いに肘を突き出し、つかみ合い、押し合っている。ゴール下は、選手がリバウンド、ティップイン（「簡単なゴール下シュート」の得点）、オフェンスリバウンド後のシュートなど、僅かな場所を求めて争う無法地帯である。

そうした中で、姚は別種のセンターとしてＮＢＡにやってきた。彼は、高さ、技術、予測力に優れたシュート・ブロッカーである一方で、「制限区域内のプレイ」の厳しい要求を本当に嫌がっていた。かなりの数のリバウンド（同様にかなりの数のブロック・ショット）をＮＢＡで捕ったが、本当に得意な得点方法はペリメーター（制限区域外でスリーポイントエリア内の地域）からだった。彼は「羽毛のような」シュートタッチで賞賛される、優れたアウトサイドシューターだった。つまり、センターよりもスモールフォワードやガードの技術に長けていた。彼は、ＮＢＡで言われているように、最も身体接触が激しい場所でボールを要求する（多くの場合、ゴールに背中を向けて）「ポストアップ」する選手ではなかった。ＮＢＡですぐに広まった言葉は、姚は「華奢」だ。これは、チームの大黒柱となるセンターに好ましい評判ではなかった。

おそらくＮＢＡに参入する外国人は、身体接触の激しさへの適応を最も求められる。これは特に「大男」であるフォワードとセンターにあてはまる。クロアチアのドラゼン・ペトロビッチや、トニー・クーコッチからフランスのトニー・パーカーまでのガードは、適応過程がより簡単であった。「大男」ほど、たくさんの身体罰に耐える必要がなかったからである。また、アメリカの大学でプレイした外国出身の新人は、ＮＢＡの要求に適応するための壁が低いのも事実である（現在まで、ＮＣＡＡのディビジョンＩでバスケットボールをプレイした中国人選手は、馬建ただ一人である。彼は複数のＮＢＡチームのトライアウトを受けたが、指名されなかった)。ジャマイカ生まれのユーイング、ナイジェリア生まれのオラジュワン、コンゴ生まれのディケンベ・ムトンボ、アメリカ領バージン諸島生まれのティム・ダンカンは、すべてＮＢＡで成功した選手であり、ダンカンは今でも活躍している(二〇)(年老いたムトンボは、現在ヒューストンで、姚の控えセンターを務めている)。これらの選手は、ヨーロッパの試合にないＮＢＡの厳しさに備えることができた。ドイツのデトレフ・シュレンプとオランダのリック・シュミッツは、リーグでは成功を収めたものの、「ポストアップ」での存在感を発揮したり、ユーイングのように長年勤続したりすることはできなかった。シュミッツとシュレンプは、姚のようにアウトサイドでのプレーは良かったが、ゴール下では存在感をあまり発揮できなかった。姚やクーコッチのような選手がＮＢＡの激しい身体接触と防御面の要求に苦戦したことからわかるように、それほど激しい接触のないＣＢＡやより攻撃中心の欧州リーグとは異なり、ＮＢＡは、国際的なバスケットボールの最高峰のままである。ＮＢＡはまさにプロリーグであり、それ以上に選手の報酬が最も高く、宣伝の機会が最も多いという理由もある。ＮＢＡは、アジアからオーストラリアまで全ての選手が、自分自身を試したい基準となるリーグである。

　ＮＢＡのレギュラーシーズン(全八二試合で半分はホーム、半分はアウェーでの試合)がどれだけ激しい戦いだとしても、プレイオフの熾烈な競争とは比べものにならない。プレイオフは、身体的に望ましい「評判」を持たない姚のための検証の場であった。彼のパスとペリメーターのシュートは、相手センターにとって型破りな脅威となった。しかしＮＢＡのプレイオフは、技術と勝つための欲望の融合を可能にした。四八分間(一一)の全ては、タフなゲームをプレーする意志に基づいていた。ＮＢＡの当事者が言うには、プレイオフでは対戦相手が彼らのゲームを「進歩させる」。

姚にとって最初の機会となった二〇〇四―〇五年のプレイオフは、全く新しいバスケットボールの世界だった。彼はリバウンドやパスで貢献し、いくつかの重要なシュートを沈め、まずまずのプレイをした。しかし、ヴァン・ガンディによると、ダラス・マーベリックスとのシリーズの間、姚は一定の規則性で審判からファウルを吹かれたことに気づいていた。姚は、攻撃側と防御側の両方のコートでファウル(一二)を宣告された。ヒューストンがボールを保持した時、彼は動きながらスクリーンをかけてファウルを吹かれた。つまり、相手選手の邪魔をするために体を動かしたことで味方を違法に「フリーにした」。防御では、姚は相手選手の背中に接触するルール違反で反則を取られた。全てテキサス州で行われたシリーズが続くにつれ、ヴァン・ガンディと姚は、審判への不満を募らせていった。

ヴァン・ガンディは、マブス(一三)がロケッツに三勝二敗で優位に立ち、敗退の瀬戸際に追い込んだ第五戦での敗北で意気消沈した後、審判に対して爆発した（姚は、この試合で三〇点を取る素晴らしいプレイをしていた）。ヴァン・ガンディは、姚が「亡霊判定《ファントム・コールズ》」の犠牲者だと主張し、ＮＢＡの審判と役員を狼狽させた。ヴァン・ガンディによると、本当のファウルは姚が行ったのではなく、姚に対して犯された。ルールを破ったのは姚ではなく、それらの決定を「誤った」審判だったというのである。ヴァン・ガンディは中国のスター選手への判定について、数シーズンにわたって不満を募らせていた。

ダラスのオーナーであるマーク・キューバンは、抑えきれないほど自慢することで広く嫌われており、この問題がマーベリックスとの対戦で勃発したのは、彼が姚の「違反行為」をおさめたビデオテープをＮＢＡの事務所に送った時であった。キューバンの行動に激怒したヴァン・ガンディは、「プレイオフに配置されていなかった長年の友人の審判は……リーグ事務局が審判に、姚のムービング・スクリーン（二四）に特に注意を払うように指示していたと彼に語った」と主張した。かくしてヴァン・ガンディには一〇万ドルの罰金が科せられた。この金額は、ＮＢＡの歴史でコーチに科せられたものとしては最も厳しい罰則だった。忠実なチームプレイヤーである姚は、コーチと罰金を折半することを申し出た。実際にコーチと選手が罰金を等しく負担したかは不明だが、この行為は驚くほど姚らしいものだった。われわれが検討するように、チームへの忠誠は姚の取り組み方の基本である。後に明らかにされたように、ＮＢＡの規則はこのような行為を禁じていたとしても、姚は「チームのために一つになる」ようにしつけられていた。

　審判の「亡霊判定」は、人種的な対立を解き放った。その対立は「ファウルされた」アジア人の身体の周りで勃発した、修辞的な小論争の中に封じ込められていた。ヴァン・ガンディは、アジア人の身体が黒人のそれではなかったために不公正な扱いを受けたとほのめかした。「亡霊判定」は、一連の関わりある矛盾を明らかにする。つまり姚の身体は、不公正な判定を受けやすかった。コート外では政治的少数派であった黒人が支配するリーグにおいて、白人と同様に少数派だったからだ。作家のデビッド・シールズ氏によると、この矛盾は独自の人種的正義を構成している。シールズ氏は『黒人の惑星』という刺激的なタイトルの論考で、ＮＢＡの黒人選手が享受している限定的な特権は、一種の「人種的な見返り」だと主張している。

ヘッドコーチも、審判も、ファンも、アナウンサー（「有色の解説者」として役に立つ元選手を除く）も、オーナーもほぼ全てが白人である。しかし実質上のオーナーは選手であり、コーチは実質上の奴隷である。その姿はこの国の歴史をひっくり返したようなものだ。

ＮＢＡで「国の歴史が逆さまになった」とは思わないが、シールズが指摘するように、ＮＢＡは姚が「人種的に差別される」特殊な世界である。シャックやダンカンのような黒人センターは、姚には与えられない地位を享受している。亡霊判定が姚ではなく、彼らになされるかどうかは議論の余地があるだろう。しかし、ヴァン・ガンディは、「実質上」のオーナーがかなり抑圧されたと提言するために全力を尽くした。この新しい役割分担において、アフリカ系アメリカ人ではなく、アジア人が傷つけられやすいのはＮＢＡの人種的秩序のためである。あるいは何人かのアジア系アメリカ人評論家が指摘したように、人種は今や黄色人の身体の中に一触即発の政治として位置づけられている。黒人の身体は依然として人種的なものだが、別の種類の政治や社会的混乱が生まれている。ＮＢＡのグローバル化の様式において、新自由主義的中国を代表する象徴である姚明が人種の言説に戻るきっかけを作ったことは、歴史的に見ても重要である（ヴァン・ガンディの評価では、「あるスポーツで自国の大使を置くとしたら、姚明以上の人はいないだろう」とのことである）。「亡霊判定」という出来事は、ポスト人種的なジョーダン言説の終焉を決定的に表している。

ジョーダンの時代は、NBAにおける資本主義の大規模な拡張を特徴としており、人種の超越を前提としていた。しかし、想像されたポスト人種的なジョーダン時代においてさえも、黒人らしさは超越的で対抗的な様式として現れていた。芝居じみていて自己顕示欲の強いデニス・ロッドマンや、ゴールデンステート・ウォリアーズでプレイしていた時にコーチの首を絞めたラトレル・スプリーウェル、「攻撃的すぎるプレイ」や審判への度を越した口答えでファウルを誘う才能を持つラシード・ウォレスといった選手が、ジョーダンの「礼儀正しさ」に対抗していた。最近では、優れた防御者でありながら非常に喧嘩っ早い性格のロン・アーテストや、NBAの騒々しい「バッド・ボーイ」と呼ばれたアレン「AI」アイバーソンがいる。これらの選手は、それぞれのやり方で、身体、コート上での振る舞い、コート外での活動を駆使して、ジョーダンの公的な表現やスターンの宣伝会社とは正反対の努力をすることで、人種がNBAを構成する要素であることを根気よく示してきた。とはいえ、ジョーダンの時代には、NBAで人種が公に問題になることはなかった。

このようなわかりにくい存在、沈黙、政治的な無言にもかかわらず、亡霊判定《ファントム・コールズ》は、姚の出来事を人種という側面でどう解釈するかだけを説明するものではない。この判定は、新生NBAにおける政治的カテゴリーとしての人種を再構成するものである。姚明への判定と、ヴァン・ガンディによる「亡霊」の呼び出しにより、ジョーダン時代のNBA選手が避け、無視し、あるいは軽々しく見過ごしてきた議論が、まさに必要不可欠のものとなった。この議論は、最近では、「バッドボーイズ」への道徳的批判をも引き起こした。ジョーダンの偉大なライバルの一人である「生意気な」チャールズ・バークレーは、「俺は手本なんかじゃない」と屈託なく語るナイキの広告で、この時代の倫理観を最もよく表したかもしれない。バークレーの声明は、アフリカ系アメリカ人を代表することを拒否するスターの粗野な記号だった。それは同時に、ローカルであれ世界のものであれ、人種的帰属への要求や社会正義への関与に妨げられることなく、無制限に資本を蓄積する権利を主張するものでもあった。

バークレーは、東南アジアにあるナイキの搾取工場の労働条件を批判したように、アフリカ系アメリカ人の人口密集地区での退廃も批判した。彼は、「俺は手本なんかじゃない」という印象的なキャッチコピーで人種を完全に否定した。バークレーは自らの文化的遺産、つまり人種を否定しない伝統に取り憑かれた亡霊に語りかけていた。ジャッキー・ロビンソンやモハメド・アリのような象徴的な人物とともに、NBAの先人の苦闘と功績に対して、得意の傲慢さで堂々と立ち向かったのである。彼らは、アフリカ系アメリカ人としてアメリカ社会と対立していることを深刻に受け止めた競技者だった。彼らは、自らを取り巻く人種闘争における自らの役割を理解し、その立場がもたらす政治的な影響を理解していた。バークレーは、自分がNBAで成功した後期資本主義の企業家であることを知っていただけでなく、人種によって定義される人間になりたくないことも理解していた。人種を暗黙のうちに無視し、あらゆる社会的不公正から距離を置くことで、バークレーとジョーダンはアメリカ社会の根幹をなす人種差別への批判からも当然ながら距離を置いた。ジャッキー・ロビンソンは、常に彼のトレードマークであった抑制的態度で、暗黙のうちに批判を行っていた。アリや、アメリカンフットボールのスター選手ジム・ブラウンは、反抗的な態度でアメリカの人種差別を批判していた。ひねくれた言い方をすれば、ロビンソンやアリやブラウンの恩恵があったからこそ、バークレーは一九九〇年代に人種を否定できた。アリの場合には詩的にふてぶてしく語った。バークレーが人種の重荷から解放されたのは、彼がまさにＮＢＡで多数派だったからである。

「亡霊判定」は、アジア人にもアフリカ系アメリカ人にも、ＮＢＡの重要な区分としての人種を蘇らせただけでなく、グローバル資本時代における労働力の移動によって複雑化した区分としての人種を明らかにした。人種は姚の身体を通して、反帝国的な区分として再構築され、人種と人種差別に関するローカル（アメリカとＮＢＡ）な言説に重要な影響を与えている。ＮＢＡのコートのように非常に厳選された労働の場でさえ、人種は文化において特権的かつ有利に作用するアメリカに付きまとい、戻ってくる。それを明らかにするのが、上海人という姚の出自である。姚はアメリカ人ではないが故に、人種とグローバル化が歴史的な時空を超えて互いに構成し合っていることを明らかにする。グローバル化が国境を通りやすくしたために、アメリカで起こる人種に関する本格的な議論において、異なる人種的認識を主張する上海のバスケットボール選手による事件が起きた。姚の人種的主体としての立場は同時に、アメリカとの対話の中で、またアメリカを超えたところで、人種と人種差別主義の概念を生み出す。

人種差別主義に関する姚の考えは、アメリカに向けられたものであり、彼が言うように、「中国では問題になっていない」という考え方が前提にある。姚は次のように説明する。「第一に……ほとんど全ての人が同じ人種なのです。中国には五五の少数民族がいますが、彼らは本当に少数なのです」。彼は、多数派の漢民族らしい言葉を述べている。中国人全体の九三パーセントが漢民族であるにもかかわらず、姚は代表チームの仲間である内モンゴル人の巴特爾《バータル》を無視している。

姚は、「中国では人種差別主義の問題はない」と主張し、自国に人種差別の意識がないことを示唆しているのではない。それどころか彼は、中国で歴史的に抹殺されてきた実践としてそのことを意識している。彼は自伝『二つの世界』の中で、「われわれは学校で、人種差別主義が昔はあったが、一九四九年の共産党による解放で無くなったと教えられている」と無邪気に語っている。しかし、この問題が再び顕在化することはなかった。毛沢東が権力を握った後も、人種差別の問題は法令によってなくなったとされ、別の形で再燃することはなかった。チベット問題でさえ、(人種ではないとしても)国家と民族性が強力に結びつけられるが、姚によると西洋人の関心として退けられた。「チベットは、中国よりもアメリカでよく語られる話題だと思う。ほとんどの中国人は、チベットがずっと昔から中国の一部であったと考えている。もし中国共産党の書記長がチベットの独立を承認すれば、大罪として記憶されるのではないかと思う」。

姚にとって、独立したチベットは西洋人の「幻想」にすぎず、中国の「拡張した主権」を期待する植民地主義者や、新植民地主義者によるもう一つの失敗でさえあった。同じく民族主義者の情熱が強烈な新疆ウイグル自治区の問題は、姚から言及されることすらなかった。

人種差別主義を過去のものとして固定する歴史化は、彼の巧妙で修辞的な話法である。彼は、差別行為は中国に馴染みのないものだと提起することで、人種差別主義はアメリカの言説あるいは問題であることを示唆し、完全にアメリカに転嫁している。しかし、姚のアメリカでの代理人であるアフリカ系アメリカ人ビル・ダフィーが、ＮＢＡへの姚の移籍を交渉する過程の間は目立たないようにしなければならなかったことを説明する中で、ラマーはそうではないと主張し、容赦しなかった。「中国がひた隠しにする人種差別的傾向を考慮すると、愛国心の強い中国の役人が、アメリカの黒人に姚の保護を委ねるのだろうか」。

これは単にラマーのアメリカ人的人種意識が働いているのではないかと思うかもしれないが、姚自身、中国人の人種的言説に時折見られるダーウィン信奉者の比喩的表現を用いている。一九九八年にバスケットボールの夏季キャンプのために渡米した後、姚は次のように回想している。「チームメイトは皆、自分たちを『黒い猿』と呼んでいた。それは私たちがアメリカですごく日焼けしていたからなんだ」。人種差別に関しては、毛沢東が懸命に「文化的」な努力をしたにもかかわらず、中国も姚の考えも、一九四九年の革命の教訓を完全には生かし切れていない。

しかし、姚の説得力のない否定にもかかわらず、その関わり方はこれまでジョーダンがもたらしたことよりも大きく公的な結びつきがあるものだった。姚の出来事は人種に関する言説を生み出しただけではなく、彼自身をして人種差別の問題に取り組ませた。ジョーダンは、世界的な偏在性と国境を越えた象徴性のために（あるいはそれ故に）人種的あるいは経済的不公正の問題に沈黙しただけでなく、「国民的」な地方性という偏狭主義にも囚われていたのである。ジョーダンはバークレーのように、自身が大金を手にしたナイキのエアジョーダン・シューズを製造するアジアの搾取工場に対して声を上げはしなかった。ジョーダンは仮想の国際主義であり、ある国の広告掲示板から別の国へ複製されるイメージと比べても、実際の海外旅行者ではなかった。彼の滞空時間の長いダンクは、グローバルな科学技術的な存在感にすぎなかった。ジョーダンは覇権的なアメリカ人であることに無頓着であった一方、この特権はこれまで姚にとって役立つものではなかった。

上海出身のセンターは、出場する試合が全て（NBAの優遇措置として）国民に放送される母国において、欧米で活躍する中国人バスケットボール選手の地位がどのような意味を持つかを十分に理解していた。姚は「私は、海外で中国を代表することをとても名誉であると考えています」と話した。それは、本物のグローバルな欲望の流れを持ち、あらゆる自己表現に由来するアメリカにおいて中国を代表するということであった。姚は、ヴァン・ガンディが一連のファウルに大胆に抗議した時、想像したほどには中国内で混乱を引き起こさなかったが、グローバルな政治劇では多くの亡霊を解放した。多くの評論家の示唆に反し、マーベリックスとのプレイオフの試合で姚を悩ませた「亡霊判定」によって、NBAは危機に瀕しているという高潔性《インテグリティ》の問題以上のことが問い直された。人種化されたグローバル化の過程そのものが検証されたのである。

三章

誰が人種について話をできるのか

すべての人殺しは卑劣だが、
これほど奇怪で非道なものはない。

シェイクスピア『ハムレット』第一幕第五場

他の人種差別主義との関わりを持たない人種の時代などあり得ないことは、姚とヴァン・ガンディの発言への批判が示している。目の前の出来事に適用される人種の言明は、常に現代の危機である人種差別主義以上のものだ。つまりその言明は、時代と場所の特殊性と普遍性を常に超えるのである。人種と人種差別主義は、常にそれら自体を超え、それ以上のものであり、本質的にそれら自体の外側にある。それ故に人種差別主義は、本質を完全に知ることも説明することもできない。したがって人種差別主義が明確な瞬間にあってその本質を語ることは特異である。人種差別主義は本質を完全には知らないし、これからも知らないだろうから、いつ、どのように本質を語るかを正確に知ることはできない。そうした理由から、人種差別主義が語る本質を聞くことができるのは、主に言説的過剰性においてであり、時には無意識のうちに、しばしば矛盾しながら語られる。人種的表現が持つ矛盾した偶発性はそのような瞬間に確認することができる。言説の出発点となる人物（ここではヴァン・ガンディがそれにあたる）が分離した、あるいは人種的ではない場所から語る時、人種差別という亡霊はそれらの存在と表現が期待されていない場所から公共の場に放たれる。あるいは人種差別の一例が、しばらく休眠状態だった別の明らかに関連しない人種差別を偶然に明らかにしたり注意を引いたりする場合や、黄色人の身体が黒人の体と結びつけられるような場合にも同様である。

逞しいアフリカ系アメリカ人選手に忠誠を誓ったことで有名なヴァン・ガンディは、白人コーチとして自分が操った言説的特質を理解していた（彼が指導していたニューヨーク・ニックスのお気に入りの選手はユーイングで、現在ロケッツで姚の育成に特別な責任を持つアシスタント・コーチを担当している）。亡霊判定に怒りを露わにしたヴァン・ガンディは「姚が適切に判定されていると言う人々に異議を申し立てたい」と述べ、言葉を選びながらＮＢＡの審判を批判した。「誰もが『偏見』という言葉を使いたくない。それは人を怒らせる。気をつけないといけない」。だからこそヴァン・ガンディは、姚へのファウルを「亡霊」と呼んだ。彼はこの判定を「差別」や「公正の過誤」とは言わないだろう。このことは、亡霊、人種、人種差別主義が最も恐れられる言明であり、また最も断固として深く抑制される言明でもあるからだ。ヴァン・ガンディが理解する亡霊は、現在の社会経済的・政治的な機能を根本的に破壊できる。この亡霊は、かなりの努力を必要とするとしても、大いに歴史的である一時的なものを表すためであっても公の場で発言することは許されない。亡霊には、過去に発生し作用した歴史的な力による無言の脅威や、現在の体制の崩壊が常に内在している。現在休眠状態だとしても、亡霊が再出現する可能性は常に警戒され、常に恐怖によって予見される。それは現在下火になっているとすれば、不安定な基盤への常なる脅威として見みなされなければならない（ジョーダンの時代、ロッドマンの異様な振る舞いや、スプリーウェルの怒りによって控えめに付きまとっていたように、最近のNBAでは、アレン・アイバーソンという「無法者」でヒップホップ好きの人物に永続的な不安が付きまとっている）。長い目で見れば、亡霊は決して消えることはない。ロッドマンからスプリーウェルを経てアイバーソンに至った道のように、常に幻影のように現代に現れ、政治的・文化的な視界における前兆として常に見えているものである。亡霊は過去を構成すると同時に、未来に特有の容赦ない脅威として影を落としている。

亡霊の超越的な能力は、現実であると仮定されないが現実的なものである。亡霊は歴史的に一目瞭然であるために、あまりに現実的である。それは過去に遡る歴史を持ち、未来にも長い影を落としているからだ。姚が潜在的に有罪であり無罪でもある、これらの判定やファウルは、亡霊判定の行為を構成する。これらの判定は、NBA、より重要なことにアメリカの人種化された歴史を政治的な意義へと解き放つ。ヴァン・ガンディの呼びかけは、姚を苦しめた不公正への抗議を表しており、（違った形で）人種化された身体に行われた他の歴史的な過ちへと反響する。白人コーチによると「亡霊判定」、つまりファウルではなかった「ファウル」は、適切な政治的呼称が、人種や人種差別主義である不公正の呼び名として登場する。この呼び名に含まれる歴史は、ヴァン・ガンディの発言を通してアメリカ社会を規定してきた人種差別的な無意識を象徴的に想起させる。さらにその無意識は、特に現在のＮＢＡで再び顕在化している。

シェイクスピアが言うように、亡霊判定は「最も汚い歴史」である。歴史には、白人リーグでプレイすることを禁じられた人々や、グローブトロッターズやレンズが耐えてきた日常的なジム・クロウ法[二五]による差別が含まれるが、それだけではない。われわれはこの人種的な歴史の記録を通して、ＮＢＡの初期から中期にかけて黒人選手が経験した人種隔離、劣悪な施設、人種差別について知ることができる。また、ラッセルという傑出した存在がいたにもかかわらず、「セルティックス王朝」時代を特徴づける白人らしさの象徴についても知ることができる。一九六〇年代には、シンシナティ・ロイヤルズのスターだったオスカー・ロバートソンのように、アフリカ系アメリカ人のＮＢＡ選手であるという理由で広告モデルを断られたこともあった。

アメリカのスポーツ界には、亡霊判定に関する人種差別の長い歴史がある。その歴史は、ボクサーのジャック・ジョンソン、オリンピック選手のジェシー・オーエンスとウィルマ・ルドルフ、テニス界のスターだったアルテア・ギブソンとアーサー・アッシュにまで遡る。言い換えれば、最初の黒人ＮＢＡ選手よりも遡り、ジャッキー・ロビンソンとラリー・ドビー（アメリカン・リーグで最初の黒人選手）の時代にも先行する物語がある。ヴァン・ガンディが訴えた亡霊の正体は、人種の境界線や広大な地理的境界を越えて同盟を結ぶ、南北戦争以前のアメリカの政治的暴力の中で部分的に見出すことができる。それはつまり、公民権運動の力動的な活気と傾倒、黒人芸術運動の詩的な口やかましさ、マルコムX、ヒューイ・ニュートン、アンジェラ・デイヴィスによる一九六〇年代の黒人ナショナリズムに部分的に確認できる。しかし「黒人のアメリカ」というより大きな文化的虚構であれば、亡霊のようなものがより反響してもう少しよく聞こえる場所があるかもしれない。

亡霊は、ロバート・ジョンソンの南部特有のブルース、ルイ・「サッチモ」・アームストロングの驚くほど心を揺さぶるメロディー、ビリー・ホリデイの悲痛な叫び、チャーリー・パーカーやマイルス・デイビスのむらのあるモダニスト的言葉遣いに見出すことができる。亡霊は、ウィリアム・フォークナーの小説に登場する、南部の静かで暗い主人公にも不気味に現れる。亡霊のようなものは、正常に機能しない閉鎖的な白人環境の中で、ほとんど人知れず動き回っていた。ラルフ・エリソンの黒人小作人の頓挫した夢にも、主人公の「不可視性」という恐ろしくも光り輝く運命にも見出される。つまるところ、小説『見えない人間』における「幽霊」がその再来でなければ、亡霊とは何なのか。その幽霊は、宗教、政治、セクシャリティの領域において『ハムレット』の死んだ王の落ち着きのない魂のように、痛ましいほどに「現れて」いる。ジェームズ・ボールドウィンの小説では、幽霊は黒人らしさに取り憑き、時には主人公に「もうひとつの国」を選ばせるほどである。ボールドウィンの有名な小説『もう一つの国』という題名は、亡命の耐え難いほどの痛みを伴う快楽の比喩であると同時に、自殺をも暗示している。現在の文学では、トニ・モリスン『ビラヴド』で、亡霊は他の住所の狭間にあるブルーストーン・ロードに住む女性の抑圧された願望の中に無意識のうちに現れる。この小説の書き出しは「ブルーストーン・ロード一二四番地は呪われていた」であり、南北戦争前のアメリカという幻想的な場所に読者を誘う。後の作品『パラダイス』では、黒人ばかりの町の端にある「修道院」が一時的な避難所であり、ほんの一瞬の「楽園」以上のものではないことを証明する。これらの文学作品には、アメリカのスポーツや文化における人種や人種差別の歴史と同様に、人種という霊的な存在が取り憑いている。つまり、過去は決して過ぎ去ってはいない。過去は、未来に何度も何度もその存在を示すことを常に期待されている。

亡霊へのヴァン・ガンディの抗議は、NBAの人種的な政治に相反する感情、半信半疑、論争をもたらした。NBAファンならご存知のように、論争はリーグの生活の一部であり、残念ながらコミッショナーのスターンが最も嫌うものである。スターンにとって、NBAに許されるのは二つの様式だけであった。無限の資本拡大と、それを維持する社会政治的な安定である。評論家によれば、スターンは常に「成長か死か」という資本主義の根本法則を支持してきた。NBAの（国際的）成長を妨げたり、批判的なメディアの注目を集めたりする出来事は歓迎されず、管理の対象となる。亡霊は、適切な名前で呼び表せない問題に言及することによって、不測の事態における政治を明るみに出す。それは飽くなき不確実性であり、一連の狼狽させる可能性である。

スターンによって科せられた多額の罰金が物語るように、ヴァン・ガンディの行為はたとえ「偏見」と名づけることができ（なく）ても、人種差別という疑惑を生み出す相当な危険があった。彼はこの批判を通して、特に彼自身の動機から多くの疑問を提起した。つまりヴァン・ガンディは、良いコーチがするように、単に自分の選手を審判から守ろうとしただけだったのか。亡霊という偏った表現は、マーク・キューバンによる疑惑の行動に対抗するために考えたのか。亡霊は適切な呼び名だったのか。というのも姚にとってそれは、黒人らしさから批判的距離を保つ「例外的な」アジア系選手という立場を維持しながら、人種に関する疑惑を呼び起こすものだったからだ。人種と人種差別の問題は、「亡霊判定」という想像力豊かな芸術的描写において、まさに分裂的な不測の事態として立ち現れた。そして白人の発言者と人種の話題に関する政治的疑惑を、比較的小さいとはいえ、ＮＢＡの審判とリーグ自体の運営における「高潔性《インテグリティ》」の疑惑を掻き立てる機会となった。このような政治的不確実性は、公正と不公正、審判の公平さ、「偏見」が国外離散《ディアスポリック》した場所にあるために、人種的身体の可傷性、すなわち傷つけられやすく人種化されたアジア人の身体の一因であるか否かについての推測を可能にする。

しかし偶発的な出来事がいったん公に語られると、それは直ちにそれ自体を超えて進み始める。偶発的な出来事も何度も繰り返されれば、いわば確実な傾向となる。それは一瞬の躊躇や、自らの認識論的な基盤を求める表現を表す。なぜなら偶発的な出来事も広く噂されると、その発言を通して一瞬の不確実性が指し示したに過ぎなかった人種と人種差別の政治的根拠を突如として構成してしまうからである。亡霊の政治と歴史は、「偏見」を正式名称とする「人種差別」へと置き換える。

この場合、偶発的だった出来事は、より難しい疑問をわれわれに投げかける。黒人への人種差別の亡霊は、アジア人へのそれと同じなのか。これらの亡霊は、互いにどのように結びついているのか、あるいは懸け離れているのか。この例での偶発的な出来事は、人種の政治学が根拠とする基礎となっている。

物議を醸したヴァン・ガンディ論争の反響において、逆の判定が表したのは先に列挙した不公正の長たらしい説明が示すように、対立、周縁、差異の歴史を伝える物語である。「ファウル」を宣告することで、亡霊の遺伝学的構成に不可欠な「異議申し立て」を連呼してきた顕著な歴史が明らかにされる。その歴史には、ボストンにおけるラッセル（後のK・C・ジョーンズ）(一六)の人種的特異性、フィラデルフィアとロサンゼルスにおけるウィルトの派手な動き、シンシナティでのオスカー・ロバートソンの完璧な配球技術、フィラデルフィア市の空を照らすドクターJ、ロサンゼルスのエルジン・ベイラーと後のマジックの輝かしい活躍が含まれる。これら全て、あるいはその他の選手にとって「異議申し立て」は、人種的な違いから生じるだけでなく、ゲームを変える彼らの能力という革新性によって明確に表現されもした。これらの選手は、才能、技術、瞬間の絶妙な感覚によって、ネイスミスが考案したものとは全く別のゲームを作り上げた。これらのアフリカ系アメリカ人は、クリフトンやロイドのような「見えない存在」ではなかった。彼らは忘れられているか、あるいは消去されかけているかもしれないが、ナット・キング・コールの滑らかなバラードのように「アンフォゲッタブル」(一七)な存在へと方向づけられた。おそらく彼らは一部において、すぐに忘れ去られたクーパーのような選手によってあまりにとらわれていた。そのため、彼らジョーダンの先人は忘れられたり、あるいは忘れ去られたりする危険に直面した時でさえ、馴染みの幽霊のように超越したものとして出没する。有名な、後退しながらの《フェイドアウェイ》ジャンプ・シュートや、信じられない「滞空時間の長いダンク《ハングタイム》」のようなジョーダン固有の動きは、先人の動きの歴史を内包している。どうやってジョーダンは、ドクターJの文化的記憶なしに「滞空時間の長いダンク《ハングタイム》」を思いついたのだろうか。いかにしてユーイングは、試合におけるラッセルやウィリス・リードの賑やかな存在なしに、あれほど頑丈に守ることができたのか。人種化されたNBAの歴史には、現在、実行され観察されるよりも、他の時代のプレイ、作用する何か他のもの、あるいは常に「進行中の何か」がある。つまり、現在グローバル化によって拡張され、資本主義の拡大によって他の場所へと結びつけられる時代や歴史である。

かようにNBAの歴史は、ハムレット王の幽霊によく似ている。シェイクスピアが描いた死んだ君主について参考になるのは、「最も卑怯な殺人」（一八）を忘れ去ることができないようにし、死んだ者を幽霊とする能力である。クラウディウスの宮廷生活が、他の歴史的瞬間から切り離されてそれ自体が一つの時代であるかのように続くようにする。そのため亡くなった王の幽霊は混乱し、あの世に行くことができなかった。既に死んでいる幽霊は、自分自身の「不自然な」死よりもはるかに大きな脅威から身を守る。人種差別的な幻影の核心には、民族の抹殺という考えられない暴力がある。亡霊の任務は、幻影のような悪夢に対抗すべく何度も出現、再現、復活を繰り返すことにある。二〇〇四年一二月と二〇〇五年九月に発生した自然災害は、このことを最も端的に表している。（スリランカからインドネシアまで）アジアの津波や（黒人が主の都市ニューオーリンズを襲った）ハリケーン・カトリーナの被災住民は、資本の需要に対する余剰であっただけでなく、ポストモダンなテクノロジーの需要にもはや必要とされない労働力であり、文字通り消耗品であった。世界中のカメラが注視する中で彼らは、使い道がないからと見殺しにされてしまうことがありえる。ハムレット王の死は確かに「不自然」だったかもしれないが、新世紀においては、生政治的に処分される人、処分しなければならない人々に対して「不自然」な力と同様に自然な力も働く。幻影的な人種差別、つまり人種差別的な無意識は、シェイクスピアが言うように冷淡なほどに「奇妙」で、想像を絶するほどに暴力的な方法で現れる。無関心による死。それこそが亡霊が絶え間なく現れ、静かに去ることを拒むものである。

スターンは、人種とはジョーダンがついに葬り去った幽霊だと想像していた。しかし結果的に、それは一時的な休息に過ぎなかった。人種問題の再熱は驚くべきことではないが、上海を経由してヒューストンの人間として現れたことで、ポスト人種主義者の多くが気づかなかったのは確かだ。NBAへの亡霊の再登場は、無限の創造性、それが二メートル二八センチの上海人センターだと想定する予期せぬ形、いつの間にか入り込む変化に起因する。姚の事件で本当に重要なのは、人種差別の偏在性や浸透性ではない。むしろNBAのプレイオフ期間中、バスケットボール・コートという快適な場所で、ポスト人種的なリーグという主体を想定される瞬間に現れたという、表向きの場違いさである。

この文脈において、さらにはこの瞬間、シェイクスピアの別の比喩を用いれば、人種差別主義は「時代にそぐわない」ものである。ジョーダン引退後のグローバル化したＮＢＡでは、人種がアジア人の装いをするとは想定されておらず、たとえそれが「偏見」と呼ばれているだけであっても、人種がこれほど生き生きと、これほど直感的に自分自身を表明することは想定されていない。姚の事件は、グローバル時代のポスト人種差別主義という言説が、「真の」空想であり、それらの政治的支持者の想像が非現実的であることを例証している。彼らは、それを知るか知らないかにかかわらず亡霊を恐れて生きており、公の言説から排除したいと考えている。ジョーダンが保有せず、彼の空気感がおそらく無効にした「黒人らしさ」は、姚の「黄色人らしさ」を通して屈折される。それゆえに、アメリカ生まれではないアジア人が内なる人種問題の深刻さを明らかにするとは逆説的である。アメリカでは身近で厄介な人種と人種差別の歴史問題は、よそ者の課題に戻ることを許さない。つまり、よそ者がポスト人種的な空想の表面性と持続性のなさを公にすることは許されない。

ＮＢＡが人種問題を超越する、あるいは人種問題から切り離される過程で生み出す効果は、人種差別の撤廃ではなく人種差別の再構築である。人種差別はないと否定することは、人種差別主義と固く結びついた「偏見」という新しい別の名前を生み出すからである。シェイクスピアが描いた死んだ王の幽霊のように、競技者の身体に起こる出来事は、停止中であれ動いている時であれ、「違法な」スクリーンを仕掛ける時であれ、不当な「ファウル」を取り上げられる時であれ、決して名前を伏せてはおかない。白人以外の競技者の身体に起こる出来事は、アフリカ系アメリカ人であれ、アジア人であれ、ラテンアメリカ人であれ、ヨーロッパ人であれ、常に政治的に適切に呼ばれなければならない。このように、中国人センターへの疑わしい「ファウル」の可傷性は、ポスト人種主義的な言説に対する予想外のしっぺ返しとして機能する。ポスト人種主義を「調子外れの」政治的な「時代」として退けることは浅はかであるが、姚の事件はシェイクスピア派の基準によると「腐っている」とは言えないにしても、確かに疑わしい使用と真実となる考えを刺激する言説であることを示唆している。

アメリカとＮＢＡは、これらの予期せぬ不穏な時代に課せられたイデオロギー的な傾向にそれぞれの方法で挑戦することで、論争となる政治の証拠として「亡霊」を生み出す。亡霊は、都合の悪い事態であり、厄介な災難であり、支配的な政治言説を噴出させ、それによって脱構築と混乱を促す。皮肉なことにスターンは、中国市場を獲得しようとするあまり、『ハムレット』におけるクラウディウスのように、懸命に歴史から消し去ろうと努力していた幽霊を混乱させた。しかし歴史は、姚からネイスミス、上海からヒューストンへとつながる、より大きな幽霊のような軌跡を明らかにしていた。またバスケットボールの歴史は、植民地主義者の説明とは異なり、「東洋」が「西洋」に遅れをとることなく、先行する文化的状況であると示した。上海は、ネイスミスの計画ではヒューストンよりも先行している。コミッショナーはＮＢＡを独裁的手腕で規制するかもしれないが、彼が望むほどうまく亡霊を永眠させられない。その代わり、中国へのスターンの進出は、非常に重要な人種論争を引き起こす姚を生み出した。人種を巡る論争は、支配的な考え方に力強く反対することを可能にし、そうすることで表現のためのもう一つの時間、おそらくいくつかの他の流行さえ可能とする。

四章

あのこと《スピーキング・フォー》だけど

その間には何もなかった。彼の惨めさを、あるいは彼女の惨めさを隠すための媒介的な視線や言葉もなかった。

ミラン・クンデラ『生は彼方に』

とはいえ人種と人種差別主義の問題が、特に姚の事件に関して、アフリカ系アメリカ人に結びつくとは奇妙である。これらの問題を語ることがいかに複雑で偏向的かは、ヴァン・ガンディの審判批判に見られる矛盾、隔たり、沈黙において明らかである。ヴァン・ガンディは姚への偏った判定を批判することで、人種問題を越えてグローバル化したNBAの表象を阻害する亡霊を解き放った。しかし彼の主張は現在、世界中からやってくる専門技術を持つ外国人労働者と同じく、NBAが世界に属しているという認識やグローバル化した見通し以上のものに気づかせてくれる。もちろん、

NBAがまだ主にアメリカ企業だとしてもである。ヴァン・ガンディのローカルへの沈黙と批判は、ローカルが姚を政治的な主体として適応できる場合とできない場合の両方で始まる。姚をアメリカの人種的幻影の象徴的な犠牲者として位置づけ、人種あるいは人種差別主義と呼ぶことへの彼の拒絶によって、ヴァン・ガンディはクンデラの意味において、姚を媒介にNBAでアフリカ系アメリカ人に関係するように、人種的な政治的議論を可能とする。ヴァン・ガンディは他の者以上に一つの人種化された疑問を誘発する。つまり、姚は黒人でないから「亡霊判定」の標的となったのか。ポスト人種的な形成におけるNBAの状況は、大勢のアフリカ系アメリカ人が、アメリカ社会の他の部分と「異なる」文化的空間を作ってきた結果である。NBAという独特の人種的な力関係において、少なくとも一九八〇年代後半のバード率いる白人を象徴するセルティックスの崩壊以降は、黒人選手が覇権を握っており、まだしばらくの間優勢であるようだ。その中でアジア人は、黒人らしさと無縁で時には嫌悪さえ抱くため、ヴァン・ガンディの言わずと知れた人種的秩序において、人種的少数派とみなされうる。

アジア人は、白人コーチによる姚の擁護を通して、比喩的に表象されたのみならず、集団に共通する人種的に複雑で迫害された、近接の「白人らしさ」にも組み込まれる。それは、彼の職業の持つ複雑な人種的論理から生み出された白人らしさである。少なくとも姚は、黒人らしさの外側に位置づけられており、NBAでの特異な立場へ接近することを許されている。つまり、彼は黒人ではないために、白人ではない少数派の地位を与えられた外国人選手だった。NBAがポスト人種的なリーグへと想定上進化したために、（歴史的に）名づけられる必要がないほどに黒人らしさが優越する空間であり、アフリカ系アメリカ人は「差別」の言説に接近することができない。いわゆる多数派は、それだけでは被害者になれないのである。ＮＢＡ黎明期に人種差別の矢面に立ったアフリカ系アメリカ人は、今では人種差別から守られている。しかし、二〇〇四年一一月に起ったロン・アーテストの事件が例証するように、黒人の身体はＮＢＡのアリーナで依然として脆弱である。アーバン・ヒルズでのホームゲームを戦うデトロイト・ピストンズに対して、インディアナ・ペーサーズのアーテストは、インテンショナル・ファウルが宣告された後、相手センターのウォレスと乱闘を起こした（二九）。結果的に騒動が起こり、アーテストは記録係の机に寄り掛かった。アーテストは一瞬静止すると、ピストンズのファンに攻撃された。彼らの大部分は酔っ払った白人で、ほとんどが罵声を浴びせていた。アーテストはコミッショナーによって五〇〇万ドルの罰金と、前例のない七三試合の出場停止処分を科せられ、それゆえにこの事件は、アフリカ系アメリカ人が彼らの覇権にも関わらず、危機的状況において「黒人」、すなわち依然として常習犯とみなされることを証明した。姚とアーテストを比較すると顕著な違いがあることが明らかになった。それは亡霊が黒人とアジア人をどのように操作するかの違いである。つまり黒人の身体は、潜在的にキャリアを終わらせる肉体面への白人の暴力に対して脆弱である一方で、アジア人の身体は象徴的な暴力、つまり審判の「偏見」に晒されている。違いは、富をもたらすＮＢＡからの引退か誤った判定かである。ここで問題となるのは、「黒人らしさ」の地理的・概念的要因である。つまり、フランス出身の黒人ガード、トニー・パーカーやハイチ人のエリック・ダレンバートを、大多数の「黒人」の立場に組み込むのか。コンゴ共和国出身のディケンベ・ムトンボは、アメリカ領バージン諸島出身のティム・ダンカンと同じ保護を与えられるのか。全ての黒人は平等なのか。一九八〇年代と一九九〇年代においてさえ、ユーイングはアフリカ系アメリカ人で、オラジュワンはアフリカ人ではなかったのか。二人はともに一九九二年のバルセロナ・オリンピックでアメリカ代表としてプレイしていたのだが。

ジャック・ランシエールの考えによれば、姚は「識別と分類の支配的カテゴリー」の外にある主体として理解されうる。われわれが後で論じるように、姚はランシエールが経済的な物事の「確立された秩序」と呼ぶことを解体する、まさにその過程の前兆でもある。つまり、この場合はアメリカの「確立された秩序」の崩壊を表している。しかし誤審という出来事が、姚という独特の人種化されたNBA選手の能力において最も効果的だったのは、歴史的な「過ち」に焦点をあて、ポスト人種的なNBAの幻想的な「平等」に疑問を投げかけたことにある。ランシエールの言葉を借りれば、姚は意図せず「共通の争点を作り出した」のである。それは完全な帰属ではなく、決して完全な帰属ができない彼の帰属を通してNBAで人種を問題にしている。彼はNBAの少数派であるのみならず、リーグのセンターがすべきこととの主要な考えからも外れている。

ヴァン・ガンディが黒人らしさという難問のために、なぜ人種的にも戦術的にも複雑な立場にいることを明らかにしたかは、亡霊と姚の対照的な関係による。彼は亡霊の正体を「人種差別」だと明言できない。そのような説明は、アフリカ系アメリカ人が同様の判定を受けてきたとほのめかすことになるからだ。彼らは姚が受けた、同じ故意による誤審の犠牲者ではないと主張するだろう。ＮＢＡの審判を人種差別とヴァン・ガンディが非難するならば、彼は（非常に異なる種類の）広範囲にわたる大衆の怒りを引き起こす危険を冒すだけでなく、指導するアフリカ系アメリカ人を潜在的に遠ざけてしまう。人気のあるアフリカ系アメリカ人のトレイシー・マグレディが人種のために誤審を受けたら、いかに好意的に擁護されるだろうか。ヴァン・ガンディは、不公正を強く主張したために、亡霊によって設定された限界に気づいていたにちがいない。彼は白人でありながら人種差別に関する疑念をほのめかしたために、人種の存在によって限界を設定された。コーチにできる最善の対処は、人種差別という特別な変異が姚に作用したと示すことである。ヴァン・ガンディが政治的批判を行うためには、ほのめかしとニュアンスに頼らざるを得ない。それは、彼が自分自身の人種的立場によって無力にさせられているからだ。姚は黒人ではないがゆえに、人種差別からの保護に関して同じ歴史的足跡を辿ることができない。ＮＢＡは完全に過ぎ去ってはいない人種的に複雑な過去を持つため、現地にある不平等を超越したポスト人種的でグローバル化した企業として売り込まなければならない。人種差別の特異な歴史は至る所にある。それこそが、戦略的にも言葉の上でも作用しているにもかかわらず、語ることができない理由である。

　現在ＮＢＡのアメリカ人は、日常的に外国人と対戦している。姚明は、この現象の複雑な状況を体現している。彼は、アメリカの大学を経由せずにドラフトで全体一位指名を獲得した最初の外国人であった。姚は、レブロン・ジェームスのようなアメリカの高校を卒業した選手の指名を歓迎する時とは、完全に異なる種類の誇大宣伝で充満する中でＮＢＡに到着した。その上、元上海シャークの選手は、シャキール・オニールというリーグの支配的選手によって民族差別的な発言の標的にされた。フォックス・スポーツ・ネットワークの番組「最高のスポーツショー」で姚との対戦について尋ねられたシャックは、「姚明に伝えてください。チン・チョン・ヤング・ワー・アー・ソ」と答えた。

シャックの騒動以前から、姚は民族的・人種的な対象としてＮＢＡに加入していた。姚の中では、ＮＢＡでのアフリカ系アメリカ人の優位性と、この人種的な物語が彼に割りあてた役割に十分気づいていたようだ。姚はシャックの民族的な悪口に反応せず、典型的なＮＢＡの「トラッシュトーク」にすぎないと無視した。一方、アジア系アメリカ人の文化評論家は、オニールが姚を、ひいては自分たちを軽視していることに憤慨した。そんな批評家の一人であるアーウィン・タンは、シャックを「挑発する」ためにチャイナタウンに招待した。姚はアジア系アメリカ人が象徴的に課せられる期待について言及し、明確な距離を取って次のように答えた。「私がＮＢＡに来た時、私が中国人だからではなく、アジア系アメリカ人がアメリカ人よりも優越することを私に期待していたから、応援したのだと思う。それは、まるで私がアメリカ人を懲らしめることを期待していたようであった。なぜならば、他のアメリカ人がアジア系の人々を虐げてきたからだ。おそらく私の活躍は、まるで私が彼らのために仕返ししているかのように、彼らに爽快感を与えたようだ」。

われわれがこれから確認するように、姚は中国代表という過剰な重荷を背負うことを喜んでいた。

しかし彼は「バナナのような人々」とは関係していないだろう。中国にいる人々は、アメリカ生まれの中国人をABC〔アメリカ生まれのバナナのような中国人〕、つまり「バナナのような人々」と呼ぶ。つまり、外見は黄色人だが中身は白人という意味である。姚が「バナナのような人々」を拒絶し、距離を取り、アジア系アメリカ人の経験を共有するのを拒むのと同様に、ヴァン・ガンディが彼をNBAの模範的市民として表象するやり方は、ある種のアジア系アメリカ人の「模範的な少数派」という言説に、姚を瞬間的に組み入れることを可能とする。

ヴァン・ガンディによると姚は「審判を務める上でとても簡単な選手である。どんな判定をされようと、彼はただ反対側のコートに歩いて移動する……。彼は抗議しようとしない。テクニカル・ファウルを宣告されることもない。客席にボールを蹴ることもない。私はそうした振る舞いに関して彼を称賛する。だけど、彼は礼儀正しい態度と敬意のために不利な扱いを受けており、敬意を返してもらっていない」。ヴァン・ガンディは、姚を模範的な移民として表象している。それは「ルール」が常に公正ではなくとも、ルールに基づいてプレイし、審判に疑問を投げかけない選手である。姚の「規律正しさ」は、他の（アフリカ系アメリカ人）選手の「芝居がかった自制心の欠如」と明確に対比されている。つまり、アフリカ系選手は、「抗議し」「客席にボールを蹴る」ことで「コートの反対側に寡黙に歩く」ことを拒否する（ヴァン・ガンディによる姚の描写は、ジャッキー・ロビンソンが人種差別的な嘲笑に決して怒りをぶちまけなかったことを思い出させる。それは一部において、彼の態度のみならず、ブランチ・リッキーというドジャーズのオーナーがそのことを彼に警告していたからだった。ロビンソンは、彼の伝説的な自制心のために、時代の父親的温情主義の言葉において「黒人への信用」を確立したために、多くの人々に尊敬された)。

ヴァン・ガンディはここでも、人種差別という用語を使わずに人種の亡霊について問題提起している。彼はルールを尊重する選手と、侮辱する選手の明確な対比を利用して、規律を守らないアフリカ系アメリカ人というステレオタイプを使うことができる。つまり黒人選手は、ウォレスやアイバーソンのようにルールの制限に従うとともに、一時的にそれらを破る規則性を持つ者として知られる。ヴァン・ガンディは人種について直接には取り上げないけれども、ラマーのような批評家は亡霊、すなわち黒人の脅威の特定に備えている。「多くの観察者、特に郊外のリビングルームから試合を見ている白人のファンにとって、姚は、NBAの難題に対する完璧な矯正手段のようだった。つまり、身だしなみの良い一九五〇年代の風情を持つ選手が、傲慢さよりも謙虚さを醸し出していた」。ポスト人種的なNBAという夢の死期が迫る中、郊外に住む白人ファンは、古き良き時代の郷愁を懐かしむことしかできないのだろうか。NBAが白人のリーグであった一九五〇年代の戦後の無邪気さゆえに、審判は文字通りではないとしても、象徴的にどこで尊重され、選手は黒人の同時代人と違って彼らの居場所を知っていたのだろうか。傲慢さやタトゥー、コーンロー、派手な宝石、ひっきりなしのトラッシュトークではなく、謙虚さはいつの時代の秩序だったのだろうか。

歴史的な瞬間への後戻りを阻害する欲求において、姚はNBAの「名誉白人」選手と呼ばれた。白人アメリカ人は、アフリカ系アメリカ人のNBAでの明白な優越性において、スター選手は言うに及ばず、ますます稀となった。絶滅危惧種という訳ではないが、目撃情報はほとんどない。この人種化された隙間に、時折、外国人が入り込んできた。われわれは、存在感はないが有能な白人ヨーロッパ系選手である、パウ・ガソル（スペイン）やジドルナス・イルガウスカス（リトアニア）を加えることができるだろう。一九八〇年代後半、バード、ケビン・マクヘル、クリス・マリン、衰えを感じさせないジョン・ストックトンは、アメリカの白人スター選手であった。彼らは、スミッツやシュレンプのような外国人によって代替された。

　現在、唯一の白人「スター選手」は、ドイツ人のダーク・ノビツキーや、南アフリカ生まれでカナダ育ちのスティーブ・ナッシュのような外国人である。彼らは白人への信頼に対する過剰な代表という重荷を背負わなければならないが、その意欲はほとんどないように見える。これらの外国人は、アメリカのイデオロギー的な押しつけを拒絶する。おそらく姚のように、それぞれにグローバル化したリーグで国家主義者の重荷をすでに背負っていたからだろう。メキシコのエドアルド・ナヘラや、クロアチアのトニー・クーコッチは、国家的な過剰代表の重荷を公に受け入れることを望むかもしれないし、望まないかもしれない。ただ彼らは頻繁に、ＮＢＡでアメリカ人ではなく「外国人であること」を折に触れて思い出させられた。彼らがプレイする様々なアリーナでトルコの国旗が「ヒド」・ターコルーを称えて振られていたり、セルビア人やモンテネグロ人の集団がブラデ・ディバッツを応援していたりするのは珍しいことではない。フェニックス・サンズのスティーブ・ナッシュが、トロント・ラプターズと対戦するためにカナダに戻ってくると、本拠地のファンは実に複雑になった。カナダのファンは誰を応援するのか。「彼ら（南アフリカ出身）」のスター選手か、「彼ら」のチーム（ベリーズ人のミルト・パラシオを除いて、コーチから選手まで全てアメリカ人で構成されていた）か。北米の移民コミュニティは、アジア系アメリカ人が姚を象徴的に「彼らの仲間」としたように、それぞれ「彼ら」のスター選手として主張するかもしれない。しかし、グローバルなＮＢＡの所属の政治に単純なものはない。特に、遠く離れた国のスポーツアイコンであると同時に、潜在的にはリーグにおけるアフリカ系アメリカ人の覇権に勝るスポーツの腕前を持つという白人アメリカ人の幻想のために、ヨーロッパや南米の白人選手は複雑な立場におかれるからである（ハイチやコンゴ出身の黒人選手は、この点において唯一の国家的重荷を背負うにすぎない。彼らは決して「偉大な白人のバスケットボールの希望」として代役を務めはしない）。一方でこれらの「国際的」選手の何人かは、黒人の自己表象という文化、特にヒップホップ音楽や様式化された服装、タトゥーへの愛に大いに魅了されていた。外国とはどこまでであり、人種化されたアメリカ化への没入はどこで始まるのか。誰もがＮＢＡでプレイして、ある程度「アメリカ人」になることはできないのか。高給外国人労働者という条件によって複雑にされた国家への「主要」な忠誠心とはどのようなものなのだろうか。

タトゥーもなく、どうやらトラッシュトークもできない姚は、まさに謙虚さの化身である。謙虚さは体育会系の存在様式として、個人のチームへの没入、つまり日常的な自我の抑制に基づいている。謙虚さの論理では、個人的達成は集団の利益に役立つ限りにおいて重要である。姚は、申し分のないチームプレイヤーとしてジャーナリストやファンに認識され、中国でのバスケットボール教育のお陰で「自己犠牲」の倫理観を持っていた。「個々の才能は、ＮＢＡで全てである。そのような考えは中国とは異なる。中国では、全てがチームワークとともに始まる」。自己犠牲や自己の従属という物語は、姚を白人ファンの人気者や企業のお気に入りにしてきた考えであった。姚は、自尊心に駆り立てられたアフリカ系アメリカ人の同僚に囲まれ、喜んで自分自身を諦めているように見える。もちろん、個人成績（得点、リバウンドなど）を意識し、巨額のシューズ契約（リーボック）や、他の宣伝を獲得しようとする点で、彼と他の選手に違いはない。ただ姚は、人種的な違いに加え、究極のチームプレイヤーとして戦略的に位置づけられつつ、高身長や国家的な起源、リーグへの劇的な加入、もちろん「謙虚さ」によって状況を乗り越えてきた。

姚の人種的な変わりやすさは、偉大な白人バスケットボール・スターがいない状況において、特に重要である。白人選手を見出せないならば、アジア人を見つけなければならない。姚は中国人らしさを主張するかもしれない。しかし、彼の人種化された代理の限界は、彼が人々の欲望を表すためになされ、彼自身からかけ離れた長年にわたる文化的・イデオロギー的な空白を埋めるようなものであった。姚の生理的なアジア人らしさは、象徴的な白人らしさを代表する彼の能力を妨げはしない。空白を嫌うのは自然だけではなく、白人のアメリカ人は、先の見えない競技者不足を認めることができない。姚の立場はこの政治色の濃い状況において、単なる「名誉白人」ではない真に必要で戦略的なものでもある。姚はシャークス、ロケッツ、中国代表、中国とアジア系アメリカ人というチームと同様に、白人アメリカ人というチームのように、多くのチームがメンバーとしていかに主張するか予想していなかったことを除いて、自分自身を根っから協調性のある人物とみなすかもしれない。もちろん、彼のブランディングとマーケティングを推進する道具であるチーム姚という全体構想については言うまでもない。

したがって姚は、チーム倫理への調和において、忌み嫌う言説である「模範的少数派」の立場を呼び覚ます。中国の文化批評家レイ・チョウの言葉を借りれば、姚は「プロテスタント民族」の実例である。彼は、ある種のアメリカン・ドリームを実現するために、仕事における勤勉、自己犠牲、名誉という清教徒の考えを受け入れたアジア系移民の代表である。この夢は、姚で言えばＮＢＡが生み出したアメリカ資本の実質的な共有を意味する。しかし「模範的少数派」という呼称が、姚の状態を記述する上で概念的に不正確で、不適当となる重要な問題がある。彼がＣＢＡ（中国バスケットボール協会）出身だったとしても、すでにスター選手であったために実際には模範的少数派の軌跡と一致しない。本物の模範的少数派は、政治的あるいは経済的な難民の場合、全てをアメリカに負っているだろう。そんな模範的少数派にとっての文化的・経済的・政治的成果は、抑圧的なだけではなく以前の市民の審美的な可能性をも抑制してきた、地政学的な場所である出身地の放棄にある。模範的少数派、つまり移住が作り出した善良な人々という従来の物語にとって、アメリカは無限の可能性を秘めている。

この軌跡は姚に適合しない。彼の労働意欲と技術はアメリカの外部に由来するため、彼の労働倫理に加えられた価値観は中国によって説明されうる。この点に関して、姚は典型的な中国人の「出稼ぎ労働者」の変異として適切に、より理解されうる。出稼ぎ労働者はアメリカで教育や訓練を受け、最終的に中国に奉仕する。出稼ぎ労働者の役割は、中国の経済成長にとって技術、資本、テクノロジー、人脈のために不可欠なものであった。全ての要素が資金調達にとって重要であり、中国の大規模な経済成長を支えてきた。中国にある多くの企業は、出稼ぎ労働者の資本と専門知識によって成り立っている。中国人のこの分類において、姚はすでに中国の役に立つという責任を負う経済的文化的資本の付加的賞与を得た「（高度な）訓練を受けた出稼ぎ労働者」としてうまく理解できるかもしれない。姚はシャークスからの移籍条件として、NBAからの給与と広告から得た所得の一部をCBAに支払うことに同意していた。実際、彼はどんな選択肢を持っていたのだろうか。

姚は模範的少数派というよりも、むしろ出稼ぎ労働者として自分自身を「アジア系アメリカ人」ましてや「アメリカ人」としてではなく、繰り返し「中国人」と呼ぶことで模範的少数派には想像できない、ある種の自己疎外を演じた。模範的少数派にとってアメリカ人への帰属は、最高の心理的・文化的・政治的関心だからである。「バナナ人間」になることを断固として拒否した理由は、姚の出稼ぎ労働者という立場にあった。たとえ、彼の身体的・人種的分身であるシャックに民族的中傷を受けたとしても、彼は在米中国人の懐に避難しないだろう。文化的・政治的に彼に不満を言う者や、中国の主権が姚にとって国民アイデンティティとしてどれほど大きな力を持っているかを説明、理解することなく、彼を自らの構成要素とみなす者がいる。「出稼ぎ労働者」という立場は、自分自身と模範的少数派を明確に区別し続ける。

しかし姚は、模範的少数派の言説から修辞的に距離を取りながら、コート上ではその言説を演じた。彼は「弱くて」「肉体的ではない」プレイスタイルによって、アジア人男性の女性化された身体という歴史的幻影を浮かび上がらせた。シャック、ダンカン、ウォレスのような「大男」が主戦場とする「インサイドでのプレイ」という戦闘的役割からの逃避は、肉体的にも精神的にも逞しさに欠ける選手として彼の評判を悪くした(姚は時々自己主張するため、実際よりも過剰に認識される)。「弱さ」は、たとえシャックのようなやり方ではないとしても、非常に男性化された黒人選手の身体と、女性化された黄色人の身体を対比させる。姚は、ヒューストン・ロケッツの序列においてさえ、プレイの「スタイル」が十分に戦闘的ではないためにファウルを取ってもらえず、代わって頻繁にファウルを宣告されるという感覚がある。姚は二〇〇五年の夏に初めて、中国に戻って代表チームでプレイする代わりに(彼は数試合だけプレイしたが)ヒューストンに留まった。その理由は何か。それは、有名なNBAの大男で、引退して久しいがまだ健在のモーゼス・マローンと練習するためであった。老練なマローンの仕事は、姚を逞しくすることだった。

このことは婉曲表現ではない。姚は、より黒人センターのようになるために、自分の特徴に逆らってプレイすることを求められた。彼のアジア人らしさと外側からのシュート技術が、暴力的なNBAのゴール下で彼を女性化し、そのことが審判の誤審に遭いやすくさせた。チームメイトにとって彼を足手まといにさせたのは、まさに彼の「模範的」行動、つまり判定に異議を唱え不満を表に出す行為の拒絶であった(彼はそれがチームを助けることになると考えていた)。姚の弱々しい技術は十分ではなかった。彼は自分自身の特徴を捨て去り、独自の身体性を身につけなければならなかった。チームに対する自分の価値を最大化するには、彼は脱アジア化しなければならなかった。つまり本当にチームの一員になるために、いわば黒人にならなければならなかった。それ以外の何かが、彼に疑似的な効率を求め、その差が彼を外側に立たせた。

ヴァン・ガンディはマローンを雇うことで、姚がファウルの判定をもらい、「尊敬を得る」には、自身を身体的・文化的に再構築しなければならないと考えていた。CBAレベルでの中国チームの練習では、上達できなかっただろう。二〇〇五—〇六年シーズン中盤、姚の逞しさはまだ発展途上にあった。ニューヨーク・ニックスのエディ・カリーのような若いセンターは、姚の身体を恐れる必要がないために、脇へ押しやったり、容赦なくドライブしたりした。シャックやウォレスのようなベテラン選手は言うに及ばず、カリーのような選手は中国人センターでは勝てない戦いに自信があり、頻繁に姚との身体接触を試みた。

国民の身体として長く歴史ある立場を持つ競技者の身体は、姚の場合、過小評価されると同時に誇張もされてきた。アジア系アメリカ人との関わりのために、アジア人男性の身体性を捨てた「アメリカ人」の身体に疑義を提起し、耐えてきた歴史的な誤りを是正し、女性化された民族の神話に異議を唱えることが求められた。姚が、たとえバスケットボールの遺産を学ばないことが難しく、NBAで彼に不利益をもたらし続けるとしても、中国国民の代表として国民の主体であることが期待された。CBA職員のリ・ユアンによると、「私は姚明がNBAでプレイした結果、中国人にとっての攻撃的人格を発達させることは心配していない」。もちろんその否定は、すでに懸念があると認めたことになる。姚は「中国人」の代表として、いわゆるNBAの「アフリカ系アメリカ人」にならないだろう。彼はトラッシュ・トークをしないだろうし、「攻撃的人格」を発達させもしないだろうし、彼にとって一つ以上の意味で損となるが、より「肉体的」になることもないだろう。皮肉だが、姚は中国人のままでいることでCBAの限界と中国選手の欠点を浮き彫りにした。彼は、うっかり身体性と美学の問題をも提起した。つまり、彼に上手く適合しないのは姚の身体なのか、彼のプレイスタイルなのか、ということだ。

姚の「不適当な」身体は、ヒューストン・ロケッツという最小単位のために十分に活躍し奮闘する時、三重苦を果たすことを期待されている。姚にとって国民的身体である中国代表チームは、アジア系アメリカ人、アジア人、そしてより少ない程度であるがロケッツの要求から小休止する場所なのかもしれない。それゆえに、姚が純粋に身体的な意味で中国代表チームでのプレイに誇りを持つのは無理もない。そこでの彼の身体は、ゴールから離れたプレイスタイル、良いパス、「柔らかい」手は、悪名高い身体性は欠けていたとしても少なくとも適切なものである。彼の身体に疑問を投げかけられはしない。国民はそれ自体を素晴らしいものだと評価し、シャック、ウォレス、ジェーメイン・オニールのような選手によって脇に押し出されることもない。

しかし、姚がローカルな主権というイデオロギーを通して、グローバルな世界で彼の立場を交渉するために人種をどのように行使したかはよくわかる。彼はアフリカ系アメリカ人に馴染みのある土地の言葉に具現された人種化された歴史に親しんでいた。それゆえに姚にとって人種は、彼の中国人らしさによって常に価値を低下させられる経験をした。「私は『ニガー』が何を意味するか知っている」と言い、「私はそれが悪い言葉だと知っている。私がロケッツに最初に合流した時、チームメイトはコリン（コリン・パインという彼の通訳）と私がずっとこの言葉を使っていると思っていました。中国語でも似たような発音の言葉はあるが、ニガーは同じことを意味しない。実際は『ネーユー』のような発音で、標準中国語で『あれ』や『これ』を意味する」。姚は、人種と人種差別主義を地元の言葉に翻訳できるが、アメリカの言説の普遍性から、中国の主権に概念を置き換えはしないだろう。彼は「ネーユー」が「ニガー」に変化することを許さないだろう。政治と経済、主権の場と労働の場は、厳密に分けなければならない。決して両者が相容れることはない。中国人はアメリカ式の人種差別主義の普遍化に反対する。

しかし姚は、ジョーダンとバークレーと異なる方法で人種を否定するとしても、その作用から逃れることはできない。彼は、コーチによる慎重な（ヴァン・ガンディの沈黙によって中断される）人種的語彙によって、コーチと対戦相手（最も有名なのはシャック）の関係において人種的に扱われる。姚は自らの意志に反して人種に結びつけられ、その過程で人種という新しい言説のあり得ない先祖という役割を果たす。それは、NBAの神話をポスト人種的な文化実践として偶然に脱構築し、暴露する一方、人種を国際化するグローバル資本の流れに参加する主権国家である。彼が「ニガー」と「ネーユー」を区別する瞬間、コーチが「人種差別」ではなく「偏見」だと抗議する瞬間、姚はクンデラの風景、ヒューストン、上海にとって完全に外国の、緊急性とともに伝えられる人種を問題にする言説に組み込まれる。「ネーユー」は、「ニガー」を意味しないかもしれないが、後者のグローバル化された反響は前者によって関連づけられた言語的な差異を覆い隠すのかもしれない。

五章

結果とともに生きる　鄧小平時代の影響

市場化は少数派の富を必ず増大させる一方で、民主化はエリートの手に支配権を戻すためだけに全住民に公民権を与える。

ハリー・ハルトゥーニアン『アメリカ〈帝国〉の現在』

姚明は、コーチによって亡霊の言説史に加えられたために、別の人種化された物語に組み込まれた。「亡霊判定」は、グローバル化によってアジア系移民が危機の瞬間あるいは直接話しかけられる体験において、人種的主体が絶え間なく生きる、ある種の無所属といかに不安定に結びついているかを示す。混乱は、グローバル化された主体が働く文化的・政治的・経済的結びつきへの部分的帰属という偶然に根ざしている。言い換えると、人種だけでは亡霊を政治的に説明できない。人種は、ジェンダー、セクシャリティ、階級、民族性など他のアイデンティティ分類との分岐において、関係的で結びつくものとみなされなければならない。グローバル化という状況の中で、人種はアイデンティティの他分類と永続的に結びつけられる。さらに人種は、現代のイデオロギー的複雑さと関わるものとして理解されなければならない。

人種は、空間の論理、時間性、アメリカ帝国主義の欲望と実践、グローバル資本の流れ、決して過去ではないが歴史的に常に未来と現在の構成要素である人種もしくは人種差別主義という亡霊の論理と密接に結びつけられる。しかし人種は、最も流動的な結びつきでさえ、これらの多くの「流れ」の中で人目を引く本質主義を例証する。本質化されたアイデンティティの批評家は、グローバル化の「流れ」がアイデンティティの本質を失わせたと、それなりの妥当性をもって論じてきた。グローバルな主体の移動における多くの動きがあるため、人種、ジェンダー、性的志向、民族性は固定化され、初期により安定していた瞬間にこれらの用語に根深く染みついた意味が剝ぎ取られた。逆説的だが、バスケットボール・コートにおいて本質的なあらゆる動作の中で、静止した姚に「ファウル」が宣告されたことは、グローバル資本とディアスポラの容赦のない流れの中でさえ、アイデンティティが休息する静止の瞬間がどのようなものかを表している。姚の「スクリーン」であれ、デトロイトで記録係の机の上で無防備に横たわるアーテストであれ、休息する競技的身体に寄り添う壊滅的な政治がある。自己に関するそれらの本質的分類は、ある種の危機の前兆である静止の瞬間に力強く結びつく。危機の瞬間、自己は亡霊に付きまとわれた政治を通して取り扱われ、本質化された自己は、政治経験という基礎的な分類として、あからさまで露骨に利用可能となる。

「黒人」あるいは「民族的」自己は、危機においてより明白に可視化される。危機がもたらす不安と恐怖が、必然的に自己との直接的な対峙を生み出すからだ。アーテストは観客席に向かうことでＮＢＡ選手としての地位を即座に剝奪され、主に「黒人」とみなされた。アーテストはその瞬間、アフリカ系アメリカ人の住む貧民街の「無規律な人物」になった。つまりコート上でかろうじて抑制されていた、象徴的な「凶悪犯」のなれの果てとなったのだ。同じように姚も、米中危機が起こるや否や、彼が今進んで受け入れている中国人らしさ、つまり批評家やファンからほとんど無視されている民族主義的な表現が、アメリカに対する共産主義や中国の「脅威」とみなされ、その過程で彼の謙虚さが覆い隠され、彼を完全に他者の地位に戻してしまうだろう。自己の「本質」が心理社会的な避難場所となると同時に、他者への脅威を明確に表現するのは、危機の様相においてである。

しかし本質的な自己は、危機や即座に自己認識する瞬間においてさえ、多様で複雑な関係を例外と考えることができない。亡霊判定は、人種的対立と民族主義的・国家主義的な中国人のアイデンティティに独特な「偏見」を強い、人種とグローバル化の関係、グローバル資本において搾取される労働者と有害な起業家の関係を混乱させる。もちろん人種は、反グローバル化運動、あるいは新しいグローバル化運動への多くの批判において重要な要素であり、一部の思想家にとっては唯一無二の存在である。しかし姚という、数百万ドルを稼ぐバスケットボール・スターと人種を結びつけることは、グローバル化に反対する主張を混乱させる。それは「搾取」の場を、東南アジアの薄暗い工場から、（「搾取」が中国人出稼ぎ労働者によるアメリカ資本の蓄積とみなされるならば）アメリカの過剰な資源が投資されたバスケットボール競技場へと置き換える。反グローバルな想像上の主要な場所は、搾取工場、家屋のような生産現場、環境面で危険な工場のように、経済的には重要な空間だが地理的には「周辺」にある。これらの日常的に最小限の、しばしば居住不可能な空間は、資本家が低コストを追求するため最小限の資源で機能している。経費が低ければ低いほど、利益は大きくなる。これが資本の根幹をなす論理である。グローバル化は、労働者と資本の非対称的な関係を明確にし、資本の出所と生産拡大・蓄積の現場を区別する物質的不平等を顕在化させる。

このシナリオにおける姚は、グローバル資本に仕える人種的な「労働者」の姿を複雑にする。反グローバル化運動の言説的基盤は、経済的に搾取され、低賃金で、未成年で、セクハラを受け、主に女性で、政治的に脆弱な労働者という図式にある。これはポストモダンで後期資本主義的な産業化時代のディケンズにおける主人公に相当し、経済的活動の帰結として十八時間働いて小銭の報酬を受ける労働者である。資本の人種化された主体は、反グローバル化の想像において、上海の労働者と資本家の間には存在しない。このことは矛盾というよりも、むしろ姚が自分自身を「訓練中の出稼ぎ労働者」と呼ぶ複雑な呼称である。「私はいまだに、自分自身をブルーカラーの労働者だと思う。私は給与のために汗を流している。もしそのことが、私を現在の中国における資本家にするならば、私はそのことを問題だと思わない」。姚の自己認識と資本との実際の関係の間には、複雑な結びつきがある。彼は自分自身を「資本家」と認識する。つまり「中国人の特徴」を持つ鄧小平時代の「社会主義」の枠組みにおいて正直に自己を位置づけた呼称、あるいは「中国人の特徴を持つ資本主義」という、より正確なフレーズとして認識する。一方、姚はそれらの用語を不十分だと思っていた。資本への愛着を認めることは、グローバル経済の支配のためにアメリカとの競争を激化する中国社会内で許されたイデオロギー的命名である。しかし彼には、資本主義的志向性を唯一の中国人アイデンティティとして公表することはできない。

国内の反体制派と外部の批評家がどう言おうと、毛沢東の社会主義と文化大革命から鄧小平の小康政治に移行するまで三〇年経った現在も、中国社会は苦悩し続けている。鄧は農業、産業、教育、科学と防衛という「四つの近代化」を掲げ、一九四九年の革命以降、政治経済において断固として社会主義であった中国に、国家主導の資本主義を導入した。レベッカ・カールが言うように「中国は、二重に超越した状態に陥っている。つまり、毛沢東時代への敵意から抜け出せず、しかもその時代は永遠に抑圧された帰還として現れる」。上海などの沿岸都市や広東省などの地方に「経済特区」が創設され、中国社会はこの二〇年以上にわたり、イデオロギー的にも政治的にも経済的にも流動する国家として折り合いをつけてきた。一九七八年以降、中国は矛盾を抱えて苦しんでいる。欧米の消費財市場としての地位をますます高めてはいるが、依然として反米的レトリックを使い、深いナショナリズムを持ちながら、その拡散を通して国民アイデンティティを曖昧にするグローバルな力として自らをますます意識している。

毛沢東から鄧小平への移行に伴う複雑さと矛盾は、それに伴う緊張と不確実性とともに、姚によって声高に主張された。彼は、強情な資本主義者と時代錯誤の国家主義者という二つのイデオロギー的立場の間でアイデンティティを調整していた。したがって姚は、多くの点で鄧小平時代の典型的な代表である。年俸だけで少なくとも四五〇万ドルを稼ぐバスケットボール・スターは、資本主義者の欲望と、毛沢東の熱心で社会主義的ナショナリズムの残滓によって同時に特徴づけられている。しかし、姚のアメリカ生まれの中国人エージェント、エリック・チェンは次のように指摘している。「結局、成功の半分は、中国政府の改革運動によって可能になったマクロな環境に依存していた。市場化、グローバル化、世界への統合、これら全てが、姚明をＮＢＡのスター選手になることを可能にした」。彼は、姚の成功を説明する鄧小平の遺産に敬意を払っているにすぎない。チェンの発言は、ナイキのフィル・ナイトやマイクロソフトのビル・ゲイツであってもおかしくないほど無批判に言説に組み込まれる。鄧の「改革」遺産には明白に恩義を感じており、それは「チーム姚」と呼ばれる彼の助言者や広報担当マネージャーにもあてはまる。

しかし姚が根ざしているのは、まさしく新自由主義的でグローバルな資本主義ネットワーク内で、自分自身を単純かつ明白に位置づけられない毛沢東革命の長引く影響であった。彼は自分自身を「とてつもない努力」によって生活費を稼ぐ「労働者」と表現することが完全なる皮肉ではないとしても、自身の豊かさについては弁解していない。姚が象徴的に忠誠を誓う「中国人労働者」というカテゴリーは、改革後の新自由主義の中国社会という修辞的で不完全な現実に違和感を覚える改革的なアイデンティティである毛沢東主義の構築物以外の何物でもない。姚のアイデンティティは、新自由主義的な計画と対立するもので、主権を譲ることなく、グローバルな資本に順応する国民国家としての中国の論理と完全に共存する。主権を維持しながら新自由主義的にグローバル化された経済に没入することは矛盾しており、ＮＢＡの状況においては、このことが姚をイデオロギー的に分離した存在にしている。もはやＮＢＡは、国家主権という境界を大して重視しない「国家的な」協会なのである。

この点に関して姚は毛沢東の後継者だが、控えめな批判によって主席を認めない「偉大なる舵取り」として現れた。姚は次のように主張する。「自分自身のためにすること、国のためにすること、その間には調整が必要である。文化大革命はこの考えが行き過ぎた。ある意味、われわれ中国人は歴史に翻弄されたように感じる」。バスケットボールは毛沢東がこよなく愛したスポーツであり、主席は、この球技が文化大革命と本質的に共存できる価値観、つまり個人よりもチームのために懸命に働くことを前提としていると信じていた。毛沢東は多くの国家主義的な指導者と同様に、スポーツが国家に栄光をもたらすことも信じていた。姚が、西洋のメディアから「姚主席」という愛称で呼ばれる時、中国のある政治様式から別の様式へとイデオロギー的な聖火の受容を公に記すことを意味する。多くの点で、新自由主義的資本主義の成功という分析は正しい。しかし、この分析が無視しているのは、毛沢東主義者の姚がどれだけ偶発的なものであったかだ。

姚は「偉大なる舵取り」として中国に栄誉をもたらすため、身体をスポーツに捧げる意義を信じている。毛沢東が嫌い、姚が親しむ国家主義的な立場から称賛する西洋で、この功績が認められばなおさらである。さらに姚は、二人のバスケットボール選手の息子として、スポーツにおける毛沢東のジェンダー平等政策のわかりやすい証拠でもある。毛は、女性と男性がスポーツで平等な機会を得るべきだと信じていた。この政策は、女性の大学スポーツの機会を平等にすることを目指した、有名な一九七二年のタイトルⅨという法律に先立っていた。毛沢東が述べたように、もし「女性が空の半分を占めるなら」競技において男性と同じ選択肢を持つべきであった。もし姚が才能に関しては父親ではなく母親の息子であるならば、毛沢東は姚のイデオロギー的な血統における象徴的父親として認められるだろう。毛沢東は、女性の競技参加と業績を可能にし、姚の文化的・遺伝的な誕生をも可能にした国家の父である。毛沢東の基準でみると、姚を生み出したのはバスケットボール・ファンではない小柄な鄧小平ではなく、毛なのかもしれない。

姚が生まれたのは鄧小平の時代だが、毛沢東の後継者は皮肉な父親であった。鄧小平の身長は一四九センチで、本当の身長の扱いは国家機密のごとく伏せられていた。訪問した指導者との写真撮影では辱めを避けるために、鄧小平を正しい角度から正確に撮影するように命じた。未来の上海シャークスとなる姚は七歳で、鄧小平と同じくらいの身長であった。したがって鄧小平の改革が姚の西洋での登場を促進したとしても、彼の表象につきまとう毛沢東の亡霊は驚くべきものではない。鄧小平の改革計画の受益者には、姚の母親が忠実に従った毛沢東がつきまとっている。彼女は毛の死後、中国スポーツ界から追放されていた。英語で「姚」は唯一の子音が取り除かれた名前である。そのため「姚主席」は、奇妙なイデオロギー的響きがある。毛沢東は王よりも、姚のイデオロギー的なイメージにおいて最大の亡霊かもしれない。

もし姚がこのような抑えがたい矛盾を抱えながら鄧小平の改革計画の成熟の象徴であるならば、二〇〇五年に中国国務院が「模範・先進労働者」という賞を与えた二九〇〇名の一人として、この億万長者のバスケットボール選手を選んでも不思議はなかったはずである。姚は、中国のメーデー前に人民大会堂で行われた授賞式でこの賞を受け取った。しかしそうした市民を称賛する決定に、全ての中国労働者が魅了された訳ではなかった。平均的な中国労働者の年収が一〇〇〇ドル程度だったことを考慮すれば理解できなくもないが、起きたのは論争であった。毛沢東の亡霊が中国人の政治と、二メートル二八センチの上海人センターがいるバスケットボール・コートに取りつく中、模範的労働者として姚が新しく作り出した地位が例証するように、毛沢東時代とは随分前に変わってしまっていた。国家は「労働者」以外に「赤い資本家」という愉快で残酷で皮肉に満ちた政治的カテゴリーをどのように称えるのだろうか。赤いユニフォームを着て存分に汗を流す姚という国民的労働者よりも相応しい「赤い労働者」とは誰だろうか。文化大革命時代の近衛兵の息子は現在では、毛沢東が偶然生み出したものとは異なるエリートに変わった。国家が経済的な変革の中で移行していたとしても、グローバル化され国境を越えたエリートは、毛沢東時代のようにまだ国家を中心とみなしている。

したがってわれわれは、以下のデリダの文章における「マルクス」を「毛沢東」に置き換えることができるかもしれない。

新しい世界の無秩序が新資本主義と新自由主義を導入しようと試みる時に、どのような否認もあらゆるマルクスの亡霊を取り除くことはできなかった。ヘゲモニーはいまだに抑圧と呪縛の承認を体系づける。呪縛は全てのヘゲモニーの構造に属している。

「否認」も沈黙も、あらゆる毛沢東の亡霊から「姚主席」を自由にはしないだろう。新資本主義と新自由主義が中国社会における新しい「無秩序」として確立されるとしても、亡霊は姚に取りついている。毛沢東は、亡霊と本当の意味の両方において、マルクスのように生き残るための無数の方法を見出した。こういう訳で、姚の国家主義的な熱意は、鄧小平の改革による経済的成功を複雑にする。この「改革」の論理に従うと、姚は仕事のない夏休みに母国に忠実に帰還する模範的な季節労働者として敬愛されるのは妥当であろう。上海労働組合の職員は次のように述べた。「われわれが姚を指名した理由は、国際的なスポーツ場面で愛国的であるとともに、中国人の現代的イメージを体現しているからだ」。

姚は、愛国心や中国への帰属を公にするためにあらゆる機会を利用する。おそらく、国家にそれほど愛着のないＮＢＡのアメリカ人と自身を区別するためである。「私は、国のためであれＮＢＡのチームのためであれ、プレイするためにどれだけ一生懸命かについては気にしていない。私を困惑させることがあるとすれば、国家代表チームに加入する時、誰もが栄誉について考えていないことだ」。しかし姚の愛国主義は、それ自身の亡霊によって取りつかれている。姚の主権国家への深い愛着とは全く反対に、代表チームでプレイする時に名誉について考えない反国家主義者の中国選手がいる。それは、八一ロケッツ時代から姚の好敵手であった王である。王は、CBAによってマーベリックスに加入する機会を二年間拒否され、CBAに適応するために奮闘した（王がマーベリックスにドラフトされるはずだったことは皮肉である。マーベリックスは、姚のために、姚を通して「亡霊」を解き放つチームであったからだ）。王は、中国に帰国する代わりに、マーベリックスとCBAの合意の通り、技術を向上させようとするNBA選手のためのサマーキャンプでプレイするためアメリカに滞在した。このことは、姚と同じように彼を強くした。王は姚がしたように、同じセンターとしての信頼性を証明したからだ。王は姚と違い、国家代表チームの練習を欠席する決定について、北京の責任者に「適切に」は連絡していなかった。王は、気が進まない労働の拒絶と国家に資本を提供しないことによって、赤いユニフォームを着ていない資本家だと自己批判した。

ＰＬＡ（人民解放軍）中尉の王は、無断欠勤していた。中国軍は、王を連れ戻すために二名の将校を派遣したが甲斐は無く、王を母国に連れ戻そうとする試みから彼は容易に逃げた。王は将校の一人と会った後でさえ、姚とは反対に「帰国しない労働者」となった。ラーマーが要約するように、王は直ちに「裏切り者の烙印を押され、代表チームから外され、地方紙で中傷され、歴史書から抹殺された」。中国当局によれば、彼は世界の注視を浴びながら中国の「面目を失わせた」ため、国の歴史から完全に消されてしまうだろう。姚と王の対立関係において、王は悲劇的な引き立て役というよりも恐れられる文化的典型である。特に、政治的な激動が表面下の至る所で活気づく社会において、アンチ・ヒーローは魅力を持つ。

王は、中国の主権と個人の主な（政治的）アイデンティティを提供する国家権力を実質的に否定したため、現在では中国代表チームの亡霊となった。彼は、市民への中国による支配力の（地政学的・文化的）限界を公にし、実践的にも象徴的にも中国の支配力を否定した選手であり、回復不能な者を代表している。国家を否定することで彼は中国から切り離され、現在では「帰国不能者」となった。姚のNBA加入が難しかった理由は、王の「背信行為」のためであった。CBAは、実質的には仕方ないとしても、象徴的にスター選手を西洋へ取られることを恐れており、CBAとロケッツの間で多くの直前交渉が行われた。姚は忠実な市民として、NBAとの関係で二回も「国の面目を失う」ことを起こさないと保証する「忠誠の誓約」に署名した。姚は、NBAでプレイすることを決めた点でのみ、王の足跡に追従したかったが、国家の体面を傷つけたくはなかった。

王は、CBAとの合意を厳密に守る姚と違い、NBAに加わった後は中国ナショナリズムあるいは代表チームに拘束されたくなかった。王は、CBAがもっとも恐れた「背信行為を行う亡霊」である。つまり彼は、CBAの過去、現在、未来につきまとう亡霊なのである。王の事例では、厳格な役人を伴うCBAは、組織自体を潜在的な歴史的無用の長物としてしまう可能性を察知していた。もし多くの中国人選手がNBAへと「卒業する」姚のモデルではなく王に従い、国家よりも自己に忠誠を誓うならば、CBAは他のバスケットボール協会と同様の単なる供給機関となるだろう。王は、CBAが断固として抵抗するグローバルな流行であるバスケットボールのアメリカ化を象徴している。姚の執拗なナショナリズムの中で密かに形成しないものは、王という亡霊である。王の「不名誉」と姚の「名誉」の間の弁証法的関係には複雑なイデオロギー的相互作用があり、それはグローバル化における個々の症状として、CBAの崩壊を予兆する方法から直接的に浮かび上がってくるものである。

しかし「弁証法的な中心」の外側にも、作用する他のバスケットボールと文化的要素がある。若い中国人バスケットボール選手にとって二人のセンターは、ひとつに彼らの並外れた身長のためでもあるが、見習うべき選手ではない。陳江華《チャン・コンワー》はアンチ・ヒーロー的な魅力を持つポイントガードで、新しいタイプの中国人バスケットボール選手として現れた。陳は典型的なNBAの「バッドボーイ」であったAIことアレン・「ジ・アンサー」・アイバーソンを真似していた。彼は大きなプレイができる小さなガードで、大男を恐れずに身体接触を楽しむ才能豊かで気性の荒いガードであった。ラーマーは、陳を「格好良くて不遜、独自のスタイルを持つ」と評し、「若き日のアイバーソンの面影を少なからず持っている」と語った。姚より数歳若いだけで、陳には気難しいところがない。もしCBAが王を悪夢だと考えるならば、陳と彼の世代はもっと不気味だと感じたに違いない。彼は王と違ってフィラデルフィア風の流行に乗り、バスケットボールの自慢話をする、地元育ちの不満分子である。陳は、姚と王の両者を時代遅れにし、二人をアレン・アイバーソンにとってのウェイン・エンブリーにした。

「陳の台頭」と「姚の凋落」は、中国でのNBAレプリカ・ユニフォームの販売において顕著であった。二〇〇二年にＮＢＡに参入以降、市場を独占していたのは姚であったが、元上海シャークの選手は、現在は二人の、どちらもセンターではないＮＢＡの同僚に後塵を拝していることに気づいた。さらに、姚はロケッツのチームメイトの一人であるトレイシー・マグレディという、派手でタトゥーを入れてたまに怒りっぽいシューティング・ガードに「市場のシェア」を奪われた。マグレディの人気は、二〇〇五年夏に中国で開催されたアディダスによる商業ツアーによって高まったようだ。二人のヒューストン・ロケッツの間に挟まれていたのは、陳の原型となる「ジ・アンサー」である。（多くのＮＢＡの試合が毎年、中国で放送されていたことを考慮すると）アイバーソンの中国人気は驚くことではない。しかし彼は、姚のように中国人でもなければマグレディのように商業ツアーの受益者でもないために、彼の魅力の大きさは印象的である。アイバーソンは現在、ＮＢＡでベテランの域に近づいており、アメリカで彼の時代は過ぎていくかもしれないが、中国の「ＡＩ」世代は誕生したばかりである。とはいえＮＢＡチームと陳の契約はありそうもない。これまで中国はガードではなく、屈強でないにせよ大男を輩出するものとして評価されてきた。この場合ＣＢＡ関係者にとって「大男」（姚）は、皮肉にも「小さな」ガードよりずっと扱いやすかった。

陳と彼の世代は亡霊である。それは、姚という鄧小平と毛沢東の正真正銘の子孫がＣＢＡによって従順になるよう求められたからである。奇妙に理解できる方法ではあるが、今や姚は陳に対抗し、新世代の美的・競技的反抗を妨げることに比べて王を否定する緊張に晒されていない。結局、「第二の文化大革命」を中国で止められないならば、模範的なバスケットボール労働者に何の価値があるのだろうか。無意識のうちにセンターの王とガードの陳は、中国と海外における中国人の社会政治的な生活に対して、姚の思想面で重荷になる役割にものすごい緊張を強いてきた。

アイデンティティの対立は、階級、人種、愛国的なシチズンシップ、民族性の不可解な結びつきを生みだす。人種、シチズンシップ、階級はカテゴリーを越え、広々とした空間を持つ地理的・イデオロギー的な距離を越えてお互いに結びついている。それは、中国の「社会主義」が新自由主義の論理に完全に含まれているとみなさない場合であるが。姚は、自分の受賞の矛盾に常に注意を払い、(旧来のマルクス主義的な意味で)断固として労働者階級の歴史を認識しながら、その歴史を尊重すると同時に中国の鄧小平後の新自由主義の現実のために、その意味を再解釈しようとしている。「私はかつて、模範労働者とは懸命に働く普通の労働者のための称号だと思っていました……しかし現在では彼らとは別に、私のような特別な『移民労働者』も受賞することができます。」姚は、巧妙とは言えないイデオロギー操作によって「普通の労働者」を称賛するとともに、彼が高い地位から具体化する新しい経済的な現実を指摘しようとした。新しいカテゴリーは新しい瞬間に必要とされる。それは「特別」ではない、何もない「移民労働者」のためである。特別ではない彼らは、自らのために、まさに異なる呼称である反逆の(取りついている)亡霊を予約していた。過去(王)をどうにか処理したとしても、未来(陳)はどうするのか。

中国とCBAは、「ジ・アンサー」がジョーダンに取って代わってアメリカの象徴に選ばれたことを、どのように扱っただろうか。ポスト人種差別主義は、弁解しない黒人らしさによっていつ置き換わったのか。無垢なポスト人種の身体は、いつタトゥーだらけの身体によって否定されるのか。すぐに来ることだが、マイケル・ジョーダンと姚のようであることが時代遅れになる時に何が起こるのか。全世代がアレン・アイバーソンのようになりたがるのだろうか。これが現在直面している問題である。この問題は、文化的、美学的、競技的、イデオロギー的な時代にあると理解すべきである。複雑な人種的論理を示しながら、アジアの大都市で繰り広げられる完全に新しい球技がある。アレン・アイバーソンは、アメリカ白人の郊外の生活様式を持ってＣＢＡの最悪のシナリオとなり、ＮＢＡの特別な黒人のあり方を代表する基準となる優越性を持ち、中国人バスケットボール選手の新世代にとって最高の憧れの対象となっている。ＣＢＡは王、巴特爾、姚をＮＢＡに行かせた時に、扉を開けていたことを知っていたのだろうかと不思議に思う。おそらくコミッショナーであったスターンは、ポスト人種的なＮＢＡがジョージ・マイカンのキャンバス・スニーカーと同じ道を歩もうとしていることを彼らに伝えなかったのだろう。

六章

独自の反アメリカニズム

中国は新自由主義的なグローバル化過程の後発だったが、その地位は急速に向上している。今や中国は、あまりに急速に発展したためにアメリカの世界経済支配にとって最も深刻な脅威となっている。それゆえに、中国人バスケットボール選手に亡霊が取り憑くのは避けられることではなかった。アメリカの新自由主義的で帝国的な想像力において、中国は最も強烈に渇望され、また最も恐れられている。中国は他の追随を許さない人口、増加する中産階級、拡大する市場によって、グローバル資本にとって最も儲かる最後の開拓地である。しかしデヴィッド・ハーヴェイ、ジョヴァンニ・アリギ、レベッカ・カールといった批評家が警告するように、中国は来るべき覇権国であり、アメリカを支配的地位から追いやるグローバルな権力を握り、場所、機能、グローバル資本の統制を再編成する。西側から見てアメリカ帝国という新世紀の夢が挫折するとしたら、それは「万里の長城」という「岩」の上で起こる可能性が高いように思われる。ただしそれは経済的な万里の長城であって、最近解放したバスケットボール選手のことではない。

〔中国人は〕過去一世紀の間、アメリカや帝国主義の直接的あるいは間接的な暴力の頻繁な標的となり、アメリカ本来の優美な状態やその揺るぎない「善意」という幻想に陥ることはほとんどなかった。

カールはアメリカ帝国の壮大な野望を考えると、予想外ではない古い政治的比喩である反米主義に関する議論の文脈でこれを書いており、緊急の新しい表現を見つけている。もし中国が世界中の他の国々のように長く反米的であれば、新世紀はこれまでと一線を画すことになる。中国の異質性は、経済の急成長とアメリカとの対立の歴史に基づいている。ハーヴェイはこれと同じくらい重要なことを以下のように主張している。

中国は、日本と同じようにアメリカ合衆国の支配下になく、能力があり、時々地域全体の領土的な主導権を握ろうとしているようだ。

このことが、中国の反アメリカニズムを独自のものとしている。つまり、拡大する経済的な強さと政治的な自立性の立場から語られることに特徴がある。フランスのような歴史的反米主義者が、アメリカとの関係で国家の衰退が進むという立場で活動するのとは異なり、中国は新自由主義帝国の後継者としての自信を深めつつ自らを位置づけている。

フランス人は、国際政治における自らの影響力の減退、ハリウッドとマクドナルドによる自国文化の衰退、数十年間にわたってフランス語が英語に比べて世界的影響力を失ってきたことを嘆き悲しんできた。一方中国人は、市場が拡大し、直接的な海外投資が劇的に増加し、政治的影響力は高まり、中東における帝国主義的戦争に反対するほど十分に強力で決定力のある唯一の国家を自認している。もちろんこの戦争は、中国がますます拡大するエネルギー需要を満たすために、石油産出国との関係維持を目指す既得権益と関わっていた。

姚はNBAのコート上で、グローバル化と中国の特別な関係の比喩として、まさにその現象の特別な表現を体現している。姚は、資本の歴史における全く新しい人物を代表している。難民が近代の典型的な姿であり、国民主権が国民以外の主体を領土に吸収できないと例証する「何処にも帰属しない市民」をハンナ・アーレントが、主張したことは有名だ。難民は「民衆の前衛」であり、まだここにいないがやがて来るであろう「他者」の到来を予感させる。それは、難民や植民地とポスト植民地からの移民や親友の到来であり、彼らの到来に含まれる脅威である。危機、戦争、自然災害、迫害、民族浄化に彩られた現代において難民はますますありふれた存在となり、いわばわれわれが歴史を生きる「ポスト市民」の時代を象徴している。

難民は「訓練された出稼ぎ労働者」である姚や、技術のある他のNBAの外国人が属するカテゴリーにあてはまらない。姚は、歴史的に前例のない特異な人物の典型であり、中国のグローバル化を代表する進歩の象徴であり、高くそびえ立つ期待された人物なのである。彼は中国のグローバル化を体現する、最も文化的にわかりやすい使者だ。グローバル化は、全てに関して亀裂が生じて矛盾を抱え複雑であるが、国際支配へと「統合された」（中国）国家の到来を告げている。アメリカや西側のメディアは、姚を「親しみやすい顔の巨人」と表現するが、巨人であることに変わりはない。

「誰が中国を失うのか」という冷戦時代における旧来型の国防総省の懸念は、姚の「登場」によって時代遅れになった。こうした懸念は、ナイキ、マクドナルド、マイクロソフト、ＧＭ、ＩＢＭといったグローバル企業にとって「誰が中国市場を獲得するのか」という、より野心的なプロジェクトに変化していった。しかしこの想定は極めて無謀であり、支持者は、明確でないにせよ本能的にそのことを知っている。姚の主体性が、国家主義者とグローバリストとして主張する本物の中国人の亡霊となって、アメリカの帝国的野心をより妨害している。姚は、冷戦が始まって以来しばらくの間イデオロギー的な敵として二の次にされた中国を表象している。鄧小平と毛沢東の長身の息子は、「誰が中国を失ったか」という想定を不要なものにした。中国は現在、アメリカの最も強力な経済的競争相手として主に恐れられている。イデオロギー的なあらゆる経済的実践がどのように構成されるかをわれわれが一瞬無視するならば、経済は常にイデオロギーに勝利してきた。

そうしたわけで姚は、アルゼンチンのジノベリやフランスのパーカーのようなＮＢＡ選手と象徴的な意味で異なる。彼らは、ＮＢＡの競争相手として空間的にコートに含めることができる。アルゼンチンとフランスは、あなたがＮＢＡの優勝を争っていない限り、あらゆるイデオロギー的意図と目的のために無視することができる。（姚はそうではないとしても）中国は恐れられており、同じように無視することはできない。一〇〇年前にジェームス・ネイスミスによって創られた文化的輸出品、つまり当時はまだ初期段階であったアメリカ帝国の産物が亡霊としてこの国に戻ってくるなど、誰が想像しただろうか。文化的な見世物は、強力な経済的影響力を象徴しているのか。（姚は）不思議なほど親しみやすい化身として現れたのか。中国の国営企業の役員室での鄧小平の後継者によるプロジェクトは、毛沢東革命後、現在ではアメリカ国防省本部で論じられた内容と逆転している。誰がアメリカ市場を獲得するのか。

中国がアメリカに「勝つ」とすれば、中国に何が起こるだろうか。この問いは、「変化」の結果として中国ですでに起こっているために特に悩ましい。ハーヴェイが指摘するように、中国は様々な国際的場面ですでにアメリカと対峙している。国際連合で意見を異にし、英国や欧州連合の残りの国々のような追従を拒絶し、日本や韓国のように恩義を受ける兆候を見せることもなかった。しかし、もし王と陳が独自の方法で振る舞うとしても、中国人の主権の限界は、現在の好景気であっても軍事力や天安門事件のような政治的弾圧ではないのかもしれない。つまりは逆説的に言って、ジョージ・Ｈ・Ｗ・ブッシュを皮肉るために有名な中国研究者が指摘したように、馬鹿げた文化なのかもしれない。

七章

「月の反対側」

……グローバルな労働運動はまだ行われていない。一方、多国籍資本と国民国家の間には協力と共謀の証拠が至る所にある。

ワン・ホイ（セオドア・ヒュータース訳）『中国の新秩序』

姚への「ファウル」判定を比喩的に述べれば、一つの亡霊以上のものを公の場に解放したと言えよう。それは、アメリカの主要な文化的実践の単なる一つであるバスケットボールに取り憑いて戻ってきた、ローカルかつ友好的ではない人種という亡霊、あるいは中国で解き放たれた反主権の亡霊ではなかった。姚は、コート上における寡黙で非の打ちどころのない態度はともかく、アメリカ国内での中国資本の亡霊のような存在を表象している。彼は、まさに複雑なイデオロギー的遺産のために、アメリカ帝国への最も重大な脅威となっている。彼が対戦する高度に個人化・個性化されたアメリカの選手とは異なり、彼は国家主権を信じている。彼にとって代表チームでのプレイは、名誉であるだけでなく、過剰な代表という重荷を自ら進んで引き受け、王の亡霊を打ち消し、陳世代の台頭をできるだけ長く遅らせている。この世代の亡霊は、多くの亡霊と同じように公に知られた適当な名を持つ時には、決して適切に名づけられることはない。「たぶん、これは私の頭の中だけかもしれないが、私は時々、何百万の中国人を一緒に運んでいるような気がしている。私の失敗は彼らの失敗になると思う」。グローバル化や新自由主義的な世界経済に加わる中国の傾向は、彼にとっては国家主権にしっかりと結びつけられている。

　アメリカのグローバル化が、主権をますます脱構築し希薄化させるならば、姚は国家への忠誠を前提とした中国のグローバルな発展を主張する。ジョセフ・スティグリッツのようなワシントン・コンセンサス(二〇)を批判する観点によれば、著書『世界を不幸にしたグローバリズムの正体』で中国の経済移行を「漸進主義」と名づけたように、まさに自国の主権を主張したために成功した。中国はＩＭＦ（国際通貨基金）による新自由主義的な命令に従わなかったからこそ、経済改革が上手く行った。中国は、ＩＭＦの別の造反組であるポーランドのように、韓国よりも主権を上手く「保護できた」から市場経済への移行を成功させることができた。結果的にポーランド経済がそうであるように、中国はワシントン・コンセンサスの官僚ではなく、国民のために何が最善であるか、どんな困難が耐えられるか耐えられないかを知っていたために、自身の経済政策に従うことで「成長」した。中国とポーランドは他の多くの発展途上国のように、永久にＩＭＦに従うことはしなかった。

しかし、中国の労働者はすでに見出しているように雇用の喪失、環境の悪化、経済エリート層の復活は、評論家が主張するように、この「底辺への競争」を主導するために骨の折れる代償を必要とする。グローバル企業が「中国価格」と呼ぶもののためには、中国人労働者が莫大な代償を強いられている。テッド・フィッシュマンによると「中国価格は、その後、最低価格と同じ意味になってしまった。中国は最低価格が金である、安っぽいエルドラドになった」。中国人左翼のワン・ホイは、ポスト毛沢東時代が証明してきたことを『中国の新秩序』で以下のように記述している。

> 汚職、密輸、不公正な流通、公的政策への利益団体の影響、（上海、桓台《かんたい》や他の地区の不動産に見られるような）乱開発、それに伴う財政危機、社会福祉制度の問題、環境問題等々がある。

ワン・ホイが長ったらしく列挙したように、中国の「新秩序」には警告すべき多くの理由がある。人類史上最大の移動の最中にある現在、荒廃した農村から一〇年以上に渡って都市に集まってきた移民の多くは、アニタ・チェンに倣って「最も深刻な労働権侵害の主な犠牲者」となっている。

一九九九年に八〇〇〇万人いたこれらの移民は、二〇〇五年に恐らく三億人となるだろう。彼らはアンドリュー・ロスが名付けた「低賃金の顕在化」現象を体現している。もちろん、中国で経済的な弱者となる労働者を除けば、「低賃金」は刑務所のような施設であくせく働く「労働者」の無賃労働に頻繁にみられた、財政上の現実を大きく改善しただろう。これらの施設の多くは都市郊外に作られ、新しい中国経済を牽引する経済特区の中心となっている。中国の労働者になされた不公正は、国の経済の中心になったために、搾取国家の中で最も悪名高いグローバルな横顔を国民に与えた。「低賃金」の国民は、世界で最も不平等な社会の一つを統制する中国の「新秩序」という卑劣な顔であった。中国は、地球上で最も人口の多い国であるため、不公正はより大きな意味を持つ。経済格差は、深刻かつグローバルな影響を生み出す可能性がある。これらの移民は都市の合法的住民と違って記録がなく、合法的な労働許可を得ておらず、子どもの教育や医療も受けられず、法の下での保護も受けられないために、中国当局にとっては真の脅威であった。それは移民が「流浪の民」と呼ばれるものを構成していたからだ。

彼らは職を求め、自分自身のためにも、今後の送金に頼る家族のためにも、良い生活を求めて貧困に喘ぐ僻地から都市へと行進している。三億人の力強い「流浪の民」は、中国の都市から都市へとあからさまに絶え間なく移動しながら、それ自体が歴史的な亡霊と化している。他の旅路と同様に、僻地から国家主義者の都市への忘れがたき困難な旅路についた人々は、ほとんど亡霊のような力でこう問わざるを得ない。これは、歴史的な特殊性を持つ二回目の「長征」(二一)なのか。彼らは、アリギとハーヴェイの予測のみならず、国家経済と政治的将来を「調整する」中国共産党の能力にも、どのように影響を及ぼすのだろうか。

これらは、グローバル化の未来に関する会話に注意深さを生み出す要因である。予測不能なこともあるだろう。結局、中国は最も大きな市場を持ち、最大の成長を誇り、最も多くの外資を引きつけ、最も多くの貯蓄を行い、世界中で最大かつ最も「従順で規律正しい」労働力を持つけれども、経済はグローバルな金融市場と最も密接に結びついている。中国経済は多くの点で「例外的」かもしれないが、日本やアジアの虎がこれらと寸分たがわない質のために、かつて模範的だとみなされたことを思い出す価値はある。中国は、一九九七年のアジア危機が証明するように、アジアの隣国よりもずっと早く回復したとしても、高度成長、破産、通貨膨張、不景気を免れてはいない。中国は世界経済と一体化しており、それゆえに世界経済に対して脆弱であり、アメリカが衰退して中国が台頭するという古い歴史的モデルを浮き彫りにしている。中国は全ての他の経済と同様に、所有するアメリカ長期国債のために、アメリカ市場に「依存」している。もしアメリカドルが暴落すれば、中国経済に何が起こるのだろうか。今後の市場は、中国とインドに生まれた大量の中産階級が同時に出現することで、一国の権力に対抗できるのだろうか。

さらに、中国はグローバル経済の重要な担い手になったことで、イデオロギー的に脆弱になった。中国は（政治的な）主権の限界に直面することになった。例えば、鄧小平がよく引用した言葉には予見する何かがあるかもしれない。彼は、中国の社会主義と改革によって導入した資本主義とを両立させるため、修辞的に最善を尽くして次のように述べた。「猫がネズミを捕まえるなら、黒猫か白猫かは重要ではない」。猫の色は問題ではないかもしれないが、イデオロギー的な猫を袋から出したことは問題だった。ある陸軍中尉が、鄧小平流に「袋から出されてしまった」時のことを考えてみよう。あれは、中国バスケットボール協会と中国人民解放軍の鳩の間に猫を置くようなものではなかっただろうか。姚は、アメリカドルという「ネズミ」を「捕まえる」ことを許される代わりに、逃げないと誓わなければならなかった。

この一例を見ても、グローバル経済における中国の役割は、こうした財政の動向に影響される政治的変化とは異なる速さで動いていることは明白である。アメリカの衰退と中国の躍進という物語は、文化的側面とイデオロギー的側面でそれぞれ異なるやり方で機能し、恐怖や不安によって感情的側面でより活性化され、経済的側面では弱くなる。これらの側面がお互いに浸透し、影響しあう限り、その不連続性に留意することは重要である。そのような「概念的な分離」は、政治的で可変的な新しい可能性を切り開くことができるからである。かように姚による国家への感情的愛着は、経済的な確実性と同時にイデオロギー的な不確かさの複雑な源泉として理解されうる。

姚は鄧小平信奉者の第一世代であり、中国の主権に深く執着し、揺るぎない愛国心を持つ最後の世代の代表かもしれない。王によって予見されるように、姚世代の時代はもう過去のものになるかもしれない。それは、次の世代の人々にとってはもはや支持できない中国人らしさであったアイデンティティかもしれない。つまり、離散労働者や農村の中国人は、国内外で姚に報酬を与えてきたグローバル経済に参加できないからだ。

上海からヒューストン、シャークスからロケッツへの道は、鄧小平の改革によってなだらかになったかもしれない。しかしその始まりは、アメリカの起源から迂回してきたものかもしれない。マサチューセッツ州スプリングフィールドは、地政学的な意味と文化的な意味で姚の軌跡の適切な原点である。アメリカ帝国主義の初期の表現として、その時代にはバスケットボールがあった。現在では、グローバル化の新秩序の前触れとして読むことができる。ジェームス・ネイスミスは、マイカンほど支配的な「大男」の出現は予測していなかった。ネイスミスは、ラッセルやウィルト、ドクターJのようなアフリカ系アメリカ人のスター選手を予想していなかった。彼はマイケル・ジョーダンの出現を予想するほど先見の明がある訳ではなかった。

ネイスミスは、アメリカのバスケットボール・コートで行われる国際的な人種イベントで、白人コーチがアフリカ系アメリカ人の覇権に対抗するアジア人を守ろうとする瞬間を予見できはしなかっただろう。彼の想像の中では、グローブトロッターズやレンズのようなアフリカ系アメリカ人のチームが、白人ばかりのセルティックスやニックスと対戦することを予測するのが関の山だっただろう。彼が創り出したスポーツがアジアに普及し、それから一〇〇年以上も後に、人種に関して活性化された政治的言説を誘発する亡霊として戻ってくるとは信じられなかっただろう。

かつて、上海からヒューストンへの新しい道をスプリングフィールドから上海への以前の道と結びつけ、区別したのは人種問題である。上海へのバスケットボールの旅は、アメリカの文化的公共圏から黒人の身体をまだ排除可能であった状況で行われた。一方、上海から導かれた道は、そのような抑圧、つまりポスト人種差別主義的な表現さえ拒絶した。姚の出来事によって、月の裏側で起こる人種問題に十分な光があてられた。中国選手が人種差別主義に関する言説を、アメリカのみならず中国でも例証するのはこのような状況においてである。ヒューストンと上海はそれぞれに亡霊を持ち、ＮＢＡやＣＢＡのバスケットボール解説者を驚かせるほど、亡霊が人種差別という名の下にどれだけ存在しているかを明らかにする形で無造作に解き放たれた。それは、上海とヒューストンを結ぶ人種に関する二重の歴史的抑圧であり、ＮＢＡへの道は、スプリングフィールドからヒューストンまでというより、単一でグローバル化されたローカルな現象、つまり、黒人身体という亡霊のような出来事という道を通っていることを明らかにする。ＹＭＣＡが布教しなかった黒人身体は、クリフトンが代弁した黒人の競技的身体と、姚に比べて陳が十分に反抗的な複雑さを理解していた、「アイバーソン」と名づけられた黒人のイメージを転向させようとはしなかった。

中国選手に対してアメリカで行われた不当な行為は、試合をはるかに超えたイデオロギー的な意味合いを持ちうることを示唆するものであろう。ＮＢＡはジェフ・ヴァン・ガンディを罰するかもしれないが、アメリカ資本が非常に長い間、中国の経済的支配の拡張を律し、抑制できるかどうかは疑問である。胡錦濤時代に毛沢東主義者の傾向がどのように潜んでいるか、誰もわからないだろう。「流浪の民の行進」が何処で終わるのか誰も知らないだろう。「流浪の民」が共産党国家と直接衝突するのかどうか、誰が説明できるだろうか。そのような国家への挑戦の結果はどうなるのだろうか。

亡霊が歴史的能力において不気味であることを、われわれは学んだはずである。公の場で明瞭に亡霊が呼ばれる時、それは示唆に富む方法で語ることができる。その代償としてハムレットが知ったように、幽霊には耳を傾けるのが一番である。その声を無視することは危険だ。

謝辞

この小冊子を依頼したマシュー・エンゲルケに感謝します。彼は、誰もが頼みたくなるほど優秀で、近くで会うことができない遠く離れた作者を信頼しています。彼の熱心な編集手腕なしにこの本を書くことはできませんでした。アンドリュー・ロスにも恩義を感じています。彼はいつものように原稿を読んで洞察し、的確な質問を投げかけてくれました。テス・チャッカラカンは、鋭い批評でこのプロジェクトに新しい方向性を示してくれました。二〇〇五年の基調講演で、この作品の第一稿となるものを発表するように最初に私を誘ってくれた、北米スポーツ社会学会のスティーブ・ウォークとデビッド・アンドリュースにも感謝します。調査助手のジェニファー・リーからは、徹底的かつ想像力豊かな洞察を得ました。トロントのBボーイで、ラプターズの大ファンで、格好良い理論家であるイアン・バルフォアとエリック・カズディンにも感謝します。

子どものアンドレア・ファレッドにも、彼女の「悪びれない態度」に感謝します。アレン・アイバーソンのファンで、州立大学の「バッドボーイ」であるアレックス・ジュファーにも感謝します。

私が最も世話になった恩人は、忍耐と愛情を持ってこの小冊子の無数の原稿を読んでくれた、ジェーン・ジュファーです。彼女は素晴らしいシュートタッチに加え、寛大な知性とゲームに対する深い情熱を亡霊判定にもたらしました。

参考文献

ボールドウィン、ジェームス／野崎孝訳（一九七七）『もう一つの国』集英社。

Bjarkman, P.C.（1992）The History of the NBA. Gramercy.

エリソン、ラルフ／松本昇訳（二〇二〇）『見えない人間（上）』白水社。

ハルトゥーニアン、ハリー／平野克弥訳（二〇一四）『アメリカ〈帝国〉の現在』みすず書房。

クンデラ、ミラン／西永良成訳（二〇〇一）『生は彼方に』早川書房。

Larmer, Brook（2005）Operation Yao Ming: The Chinese Sports Empire, American Big Business, and the Making of an NBA Superstar. Gotham.

Ming, Yao/Bucher, Ric（2004）YAO:A Life in Two Worlds. Miramax.

モリスン、トニ／吉田廸子（一九九八）『ビラヴド』集英社。

Morrison, Toni（2007）Paradise. Vintage.

ポパー、カール／内田詔夫・小河原誠訳（一九八〇）『開かれた社会とその敵 第一部：プラトンの呪文』未来社。

シェイクスピア、ウィリアム／福田恆存訳（一九六七）『ハムレット』新潮社。

Shields, David and Graff, Gerald（2013）Black Planet: Facing Race during an NBA Season. Bison Books.

スティグリッツ、ジョセフ／鈴木主税訳（二〇〇二）『世界を不幸にしたグローバリズムの正体』徳間書店。

Wang, Hui/ Hunters, Theodore and Karl, Rebecca(translation) (2003)China's New Order: Society, Politics, and Economy in Transition. Harvard Unversity Press.

訳注

（一）ハーレム・グローブトロッターズは、アリゾナ州フェニックスに本拠地を置くバスケットボール・チームである。このチームは、人種隔離政策が行われていた一九二〇年代に誕生し、アフリカ系アメリカ人のみが所属し、曲芸的なプレイを行い、観客を魅了してきた。

（二）［ ］による表記は、訳者が原文を補った内容である。

（三）ブルックリン・ドジャーズとは、一九五八年に本拠地をロサンゼルスに移転するまで、ニューヨークにあったプロ野球チームである。

（四）ゴリアテとは、旧約聖書に出てくるペリシテ人の巨人戦士である。

（五）ミネアポリス・レイカーズは、一九四八年から一九六〇年までＮＢＡに所属しており、一九五〇年代に五回の優勝を達成した。このチームは、一九六〇年に本拠地をロサンゼルスに移転した。

（六）ＣＢＳとは、アメリカの四大テレビ局の一つで、コロンビア・ブロードキャスティング・システムの略称である。

（七）本書ではghostsを「幽霊」と、phantomsを「亡霊」と訳し分けた。

（八）北京オリンピックでドーピング違反になった中国選手はほとんどいなかった。地元大会でのドーピング違反を防ぐために，中国チームは巧妙に隠蔽した可能性がある。この大会では、北京市の大気汚染の問題、開会式に出演した少数民族の偽装、花火のＣＧ等の問題が注目された。

（九）制限区域とは、フリースローラインで囲われたゴール下の地域のことである。

（一〇）ティム・ダンカンは原書が出版された二〇〇六年には現役で活躍していたが、二〇一六年に引退した。

（一一）NBAの公式戦は、一クォーター一二分の四クォーター制で四八分間行われる。

（一二）バスケットボールのファウルは、パーソナル・ファウルとテクニカル・ファウルに大別することができる。テクニカル・ファウルとは、アンスポーツマンライクファウルのようにスポーツマンらしからぬ故意のファウルなどに対して取られる。パーソナル・ファウルは、選手間の身体接触に対するファウルであり、ブロッキングやホールディング等ディフェンス側の取られるファウルと、チャージングやイリーガルスクリーン等オフェンス側のファウルに分かれている。

（一三）マブスとは、ダラス・マーベリックスの略称である。

（一四）ムービング・スクリーンとは、攻撃側の選手がスクリーンという壁のような役割を果たす時に、動きながらスクリーンをかけるファウルである。

（一五）ジム・クロウ法とは、「一八七七年から一九五〇年代にいたるまでの間に、アメリカ南部諸州で制定された黒人に対する社会的・政治的差別を規定した立法」（ブリタニカ国際大百科事典より）である。ジム・クロウとは、一八二八年にケンタッキー州で上演されたミュージカルの登場人物（黒人）の名前で、その後、黒人の蔑称となり、人種隔離を指すようになった。

（一六）K・C・ジョーンズは、一九六〇年代にビル・ラッセルとともにボストン・セルティックスで活躍したアフリカ系アメリカ人である。ジョーンズは、引退後に大学やNBAのコーチを歴任し、一九八〇年代中頃にはボストン・セルティックスでヘッドコーチを務めた。

（一七）ナット・キング・コールは、一九五一年にUnforgettableというラブソングを発表し、大ヒットした。彼の死後、娘のナタリー・コールは、一九九一年に父の歌声と自身の歌を合わせたデュエット版でこの曲を発表した。ここでの「アンフォゲッタブル」という曲の引用は、この曲自体が後に幽霊のように蘇ったことを暗示していると考えられる。

（一八）クラウディウスは、ハムレットの叔父で策略家である。

（一九）この事件は、『Untold: パレスの騒乱』というネットフリックスの映画として二〇二一年に放映された。この映画の中で、アーテストら、この事件に関係した選手が当時の状況を説明している。

（二〇）ワシントン・コンセンサスとは、一九八九年に国際経済学者のジョン・ウィリアムソンがラテンアメリカの国々に累積債務の改善、各国市場の開放、内部腐敗の改善を求めた政策である。アメリカ政府、国際通貨基金、世界銀行などワシントンに本部を置く国際機関がウィリアムソンの考えに賛同してこの政策を推進した。ワシントン・コンセンサスは、市場原理主義的で新自由主義的な政策として批判されてきた。詳しくは以下の文献を参照。猪木武徳（二〇〇九）『戦後世界経済史』、中央公論新社

（二一）長征とは、「一九三四年十月、中国共産党が、国民党軍の包囲攻撃下で江西省瑞金の本拠地を放棄し、国民党軍と戦いながら、福建・広東・広西・貴州・雲南・四川などの各省を経て、翌年陝西省北部に到着するまでの約一万二千五百キロメートルにわたる大行軍をしたこと」（新村出編（一九九八）『広辞苑第五版』岩波書店、一七四四頁）である。

解説　NBAにみる『ファントム・コールズ』からBLM運動までの「人種」問題

二〇〇〇年から二〇二二年までの期間にみるNBA外国出身選手の推移

ここでは、ファントム・コールズ（亡霊判定）が起こる前の二〇〇〇年から二〇二二年までのNBAやアメリカ社会に関連した出来事を解説する。この期間にNBAの外国出身者数はどのように変化したのだろうか。千葉[1]によると、NBAの外国出身選手数は、二〇〇〇―〇一年シーズンの三一か国五七名（一一・三パーセント）から、二〇〇七―〇八年シーズンの四四か国一〇九名（一九・八パーセント）へと倍増した。二〇〇七―〇八年シーズンのデータにおける外国出身選手の出身地域の内訳を見ると、スペインなどの欧州が六二・四パーセント（六八名）、アメリカ合衆国を除いたアメリカ大陸が二二パーセント（二四名）、アフリカが九・二パーセント（一〇名）、オセアニアが三・七パーセント（四名）、アジアが二・七パーセント（三名）であった[2]。

二〇二一—二二年シーズンの開幕時選手名簿には、三九か国一〇九名の外国出身選手が登録されていた(3)。カナダ人が一八名と最も多く、オーストラリア、フランス、ドイツが各七名、ナイジェリア、セルビア、スペイン、トルコが各五名であった。二〇〇七年と比べて外国出身選手の数自体は変わっていないが、カナダ人の増加が顕著であった。またオーストラリア人が増えていることも確認できる。この増加は、二〇二一年に開催された東京五輪で、豪州が銅メダルを獲得したことと関連するだろう。つまり、以前はヨーロッパ出身の選手が大半を占めたが、最近ではカナダやオーストラリアなど他地域の選手も増えている。また二〇〇七年には姚明を含む二・七パーセントの中国人が登録されていたが、最近は一人もいない。一方で、八村塁（ワシントン・ウィザーズ）と渡邊雄太（ブルックリン・ネッツ）という二名の日本人が契約したことは、われわれにとって大きな変化と言える。

『ファントム・コールズ』の舞台になった二〇〇四年と最近のＮＢＡでは、選手に求められる役割に違いがある。以前のＮＢＡでは、シャキール・オニールのような長身のセンターであれば、制限区域付近でゴールを背にしたポストプレイが求められた。そのためポストプレイを行わずにペリメーター内でミドルシュートを打ち、センターらしいプレイをしない姚明は、批判された。最近のＮＢＡでは、ジョエル・エンピード（フィラデルフィア・セブンティシクサーズ）のようなセンターはポストプレイを行うが、多くのセンターがスクリナーとしての役割やアウトサイド・シュートを決めることも求められるようになっている。このようなプレイスタイルの変化は、現代のＮＢＡや世界のバスケットボールの特徴といえるだろう。したがって現代のＮＢＡで姚がプレイしていれば、当時ほどアウトサイドでのプレイを批判されなかったかもしれない。しかし、当時のＮＢＡでは、長身のセンタープレイヤーは、ゴール下で体を張って得点をとる役割が求められた。したがって二メートル二九センチあって誰よりも長身にもかかわらず接触を避け、アウトサイドシュートを打つ姚は、ひ弱なアジア人という印象を持たれたのだろう。

姚明の選手時代の活躍

姚は二〇〇二年、ヒューストン・ロケッツにドラフト一巡目一位で指名され、三年目の二〇〇四―〇五年シーズンのプレイオフで「亡霊判定」と呼ばれる不可解な判定を受けた。二〇〇六―〇七年シーズンでは、一試合平均二五点、九・四リバウンドという成績を残した。しかし、この年のプレイオフ第一ラウンドでユタ・ジャズに敗れると、姚を擁護したヴァン・ガンディ監督は解任された。ロケッツは二〇〇八―〇九年、プレイオフで初めて第一ラウンドを突破するが、カンファレンス・セミファイナルで敗退した。

姚は、二〇〇六年八月に日本で開催された世界選手権に、中国代表として出場した。予選リーグは北海道立総合体育センターで行われ、中国代表はアメリカ代表と対戦した。この時のアメリカ代表は、レブロン・ジェームスやドウェイン・ウェイドなどＮＢＡのスーパースターで構成されていた。私は当時、北海道の短大に勤めており、男子バスケットボール部の学生と一緒に試合を観戦した。姚の高さは頭一つぬけており、ＮＢＡのスター選手に対して孤軍奮闘していた。この大会で中国代表は、予選リーグを突破してベスト一六に進出した。姚は二〇〇八年の北京五輪でも中国代表を牽引し、ベスト八進出に貢献した。彼は、母国開催のオリンピックで中国代表の旗手を務めた。北京五輪は、競技者としての姚にとって、集大成となる舞台であった。姚は二〇〇九ー一〇年シーズンは怪我のために全休し、二〇一一年七月に引退を表明した。姚のつけていた一一番はロケッツの永久欠番に認定されている。ＮＢＡで一時代を築いた姚が、アメリカ社会の「人種」問題に巻き込まれたことが、本書のテーマであった。

「人種」の定義

本書の著者、グラント・ファレッドは、「人種」という用語について、特に定義付けをしていない。アメリカ社会において、「黒人」や「白人」に関わる「人種」的な問題は自明のものであり、定義する必要はないと判断したのだろう。しかし、社会科学の論考において「人種」を語る際には、一定の定義が必要であると筆者は考える。社会学者のピエール・バン・デン・バーグ[4]は、自然科学者間で「人種」に関する分類が一致しなかったことを指摘した後で、次のように「人種」を定義している。

「人種」はある一定の社会のなかで皮膚の色素形成、髪の組織、顔だち、身長などのような身体的しるし（physical markers）にもとづき同類のものとして社会的に（socially）定義される人々の集団を意味する。(5)

つまり、「人種」とは、肌の色などの外見に基づき、「黒人」「白人」「黄色人」等と同類のものとして社会的に定義された概念である。フランスの分子生物学者ベルトラン・ジョルダン(6)は、世界中の人々のＤＮＡを分析すれば、九九・九パーセントが同型で、残り〇・一パーセントの差異があるに過ぎないと述べ、「人種」を科学的に分類できないと指摘している。以上のことから、ここでは「人種」という概念を科学的で客観的な概念ではなく、主観的で社会的なカテゴリーとして扱う。ジョルダンが指摘するように、フランスでは「人種」という用語が使われなくなっている。しかし、本書の舞台であるアメリカでは、現在でも「人種」という社会的カテゴリーが使われ、様々な差別や格差の源泉をこの用語によって説明している。例えばアメリカの出生証明書には、一九七〇年代以降、調査に答える者が「人種」の選択を自分で申告するようになり、選択肢には「白人」「黒人」、アメリカ先住民、日系、中華系など、その他が含まれている。(7)この選択肢は「人種」と民族に基づくカテゴリーが併記されており、アメリカにおける「人種」問題の複雑さを表している。アメリカは奴隷制度や人種隔離政策を行ってきた歴史を持つために、今なお「人種」が構造的な差別を説明する上で重要なカテゴリーとなり、民族、ジェンダー、階層などの他のカテゴリーと結びつきながら、無視できない重要な要素となっている。したがってここでは、「人種」という用語に鉤括弧をつけて表記する。以下、アメリカスポーツ界で最近起こった「人種」に関わる問題について紹介する。

「パレスの騒乱」とＮＢＡのドレスコード

四章で扱われていたように、二〇〇四年一一月にデトロイト・ピストンズの本拠地であったザ・パレス・オブ・オーバーンヒルズで起った「パレスの騒乱」は、その後ＮＢＡに大きな影響を及ぼした。この事件は、アウェイチームのインディアナ・ペーサーズが、ピストンズに点差をつけた残り四五秒の試合終盤に起こった。ピストンズのベン・ウォレスのプレイに対して、ペイサーズのロン・アーテストが後ろからファウルをした。危険なファウルだったために、ウォレスはすぐにアーテストの胸を押して抗議した。それをきっかけに両軍入り乱れての乱闘が始まった。選手間の小競り合いが収まりかけた時、アーテストはオフィシャル席の上に横になり、興奮状態を鎮めようとした。しかしこの行為は、彼が試合中にふて寝しているように取られ、混乱に拍車をかけた。アーテストは、ネットフリックスの独占映画『Untold：パレスの騒乱』の中で、当時うつ病の診断を受けており、セラピストから興奮した時には横になるように指示されていたと証言している。その時に突然、客席からアーテストに向けてコーラのカップが投げられ命中した。彼はコーラをかけられたことに激怒し、観客席に走り出し、観客と殴り合いになった。アーテストが観客に取り囲まれると、チームメイトのスティーブ・ジャクソンも止めに入った。アーテストがフロアに戻ると、ピストンズ・ファンの酔っ払った「白人」男性が近づいて挑発したために、彼はファンを一発殴った。またジャーメイン・オニールも挑発してきた観客を殴っていた。コート内には観客も入り乱れ、試合会場は全米プロスポーツ史上稀にみる無法地帯になっていた。結果的に、アーテストは八六試合、ジャクソンは三〇試合、ジャーメイン・オニールは一五試合、ウォレスは六試合の出場停止処分になった。乱闘を助長したピストンズの観客も刑事罰を受け、ホームゲームから永久追放された。この事件は、体格が良く優れた競技能力を持つアフリカ系アメリカ人が攻撃されれば、逸脱して暴力的な犯罪者に変わることを、メディアを通して宣伝した。

当時コミッショナーであったデビッド・スターンは、この事件がＮＢＡのイメージを一九七〇年代のように悪くすることを恐れ、二〇〇五年に選手のドレスコードを発表した。選手がチームやリーグの仕事に従事する時は、仕事用の普段着を着用することにした。ユニフォームを着ていない選手は、スポーツジャケットや革靴、靴下を着用しなければならなかった。またメディア・インタビューを受ける時や、リーグイベントの時、Ｔシャツや短パンなどのラフな格好やチェーンなどのアクセサリーの着用、屋内でのサングラス、バスやロッカールーム以外でのヘッドホンの使用を禁止した。

筆者は二〇〇八年二月、スターン氏にＮＢＡのグローバル化についてインタビューした時に、ドレスコードの導入について質問していた(8)。スターン氏は、ドレスコード導入の理由について次のように答えた。

われわれは、選手がバスケットボールというゲームに深い敬意を抱いていることを、観客が理解していることを確認したかったからだ。われわれが検討した結果、選手が時々カジュアルな格好をする時に、観客はゲームへの敬意を持たなくなると気づいた。

スターン氏は、選手が仕事としてバスケットボールに携わる時にカジュアルな格好をすることで、観客がゲームへの敬意を失うことを避けたかったようだ。一方、ドレスコードに関する批判は批評家や選手からなされた。

文化批評家のマッカン[9]は、ドレスコード政策が「ヒップホップ世代」を標的にした「人種」差別主義を反映しており、この世代は表現のスタイルと流儀がＮＢＡの白人に支配された所有権、多国籍企業のスポンサー、多くの白人中産階級のファンによって頻繁に異国の雰囲気を持たされ、貶められていると指摘した。ヒップホップ世代とは、アレン・アイバーソンを筆頭にラップ音楽やヒップホップに傾倒し、アクセサリーをつけ、だぶだぶの大きめのパンツを履くアフリカ系アメリカ人のことである。ゴールデンステート・ウォーリアーズなどで活躍したジェイソン・リチャードソンらは、ドレスコードが「黒人」選手を標的にしたものだと指摘し、服装に関する政策は「人種」差別的なものだと批判した。[10]

ＮＢＡは一九九〇年代以降、ヒップホップのスタイルやイメージをバスケットボールと結びつける商業的な活動を行っていた。例えば、シャキール・オニール、コービー・ブライアント、クリス・ウェバー、ロン・アーテストはラップソングを公表していた。アイバーソンが一九九六年にＮＢＡに加わると、ヒップホップとプロバスケットボールの結びつきは決定的になった。スポーツ社会学者のマクドナルドとトグリア[11]は、このドレスコードの意味と影響を明らかにするために、カルチュラル・スタディーズの方法を用いて分析を行い、この状況を以下のように説明していた。

アイバーソンは、バスケットボールのユニフォームを着たヒップホップの生きた化身であった。スタイリッシュなドライブのスタイルにおける彼自身の行動は、コーンローの髪型とともにあり、アイバーソンはヘルズエンジェルス[12]よりも多くのタトゥーを入れている。彼は、［ＮＢＡの］主流の感覚に適応するために変節することを拒んだ[13]。

つまり、ＮＢＡは、スター選手とヒップホップとのつながりを宣伝し、都会的で政治的に中立なヒップホップと格好良さを称賛することで、人種差別主義者の言説を緩和し、活気に満ちた財政状態を維持しようと試みたと考えられる。しかし、アイバーソンの生意気で反抗的な態度やアーテストらの起こした騒動は、ＮＢＡのイメージを悪くする恐れがあり、ドレスコードという政策が必要となった。マクドナルドとトグリア[14]は、ピエール・ブルデューの理論を引用し、この政策は「白人」

の文化資本の他の形態を結びつけるメカニズムであり、ビジネスを円滑に進めるための印象操作の一形態であり、ある種の誤魔化しだと指摘した。彼女らは、「NBAはリーグを売り込むためにヒップホップを使い続ける一方で、ドレスコードによってこのスタイルを採用する選手を検閲し、非難し続ける[15]」と結論づけた。つまりドレスコード政策は、パレスの騒乱で発覚したアフリカ系アメリカ人の凶暴性を隠蔽するための施策であり、「人種」差別という亡霊を沈静化するための服務規程であったと考えられる。

BLM運動とNBA選手の関わり

ジョージ・フロイド氏は二〇二〇年五月、ミネソタ州で白人警察官に首を圧迫され死亡した。この事件をきっかけに、「ブラック・ライブズ・マター（黒人の命だって大事だ）」運動（以下、BLM運動）がアメリカ各地で活発に展開された。BLM運動は、スポーツ界でも様々な形で行われてきた。例えば、NFL（ナショナル・フットボール・リーグ）で当時サンフランシスコ・フォーティナイナーズのコリン・キャパニックは、二〇一八年のプレシーズンゲームでの国歌斉唱の際、アフリカ系アメリカ人への「人種」差別や不当な暴行に対して、片膝をついて抗議した。片膝を地面につけた姿勢は、BLM運動の象徴的な行為になり、デモに参加する市民のみならずNBAの選手も模倣するようになった。

二〇二〇年二月に新型コロナウィルス感染症（COVID-19）が世界中で爆発的に広まると、NBA公式戦は三月途中で打ち切られた。その後、八月に各カンファレンスの上位チームがマイアミ州オーランドに集められ、バブル方式でプレイオフが行われた。例年四月から六月に開催されることを考えると、四か月の中断を挟んでのプレイオフは選手にとって負担が大きかったにちがいない。しかし、バブル方式のプレイオフにも、アメリカの「人種」差別問題が影響を及ぼすことになった。

ウィスコンシン州に住むジェイコブ・ブレイク氏は、八月二三日に家庭内トラブルを鎮めようと駆けつけた「白人」警官から離れ、車に乗り込もうとした時に背後から七発の銃撃を受け、瀕死の重傷を負った。この事件の映像がSNSに投稿されると、警察に抗議するデモが各地で起った。ミルウォーキー・バックスの選手は、地元で起こった痛ましい事件に抗議し、八月二六日に予定されていたオーランド・マジックとのプレイオフ第五戦をボイコットした。バックスの選手は、以下の声明を発表した。

この四か月間、この国のアフリカ系アメリカ人コミュニティに対する人種的不正に光が当てられてきました。全米の市民がそれぞれの声とプラットフォームを通してこれらの不正に対して声を上げてきました。ここ数日の間、われわれのホームであるウィスコンシン州にて、ジェイコブ・ブレイク氏がケノーシャ市警によって七発の銃弾を背中から撃ち込まれるという恐ろしい映像、発砲される抗議者の映像の数々を見てきました。変化を求める声を大きく上げ続けてきたにもかかわらず、何の行動にも移されていません。そのため、今日の焦点をバスケットボールに向けることはできません。[16]

バックスの選手は声明の中で、このような事件に適切に対応しない政治家や警察に行動を促し、市民には一一月に予定されていた大統領選挙への投票を呼びかけた。この行動は、アフリカ系アメリカ人への「人種」差別に対する政治的な行動であり、他のチームにも大きな影響を与えた。その後、ヒューストン・ロケッツとオクラホマシティ・サンダーの試合と、ロサンゼルス・レイカーズとポートランド・トレイルブレイザーズの試合も中止になった。ＮＢＡ選手会はプレイオフを続けるべきか話し合い、結果的に再開を決めた。八月二七日のレイカーズとクリッパーズ戦前の国歌斉唱に際して、レブロン・ジェームスやアンソニー・デイビス等の選手は、「BLACK LIVES MATTER」という白い文字が印字された黒いシャツを着て一列に並び、左膝を床につけ互いに腕を組み、アフリカ系アメリカ人への理不尽な暴行に連帯して抗議した。この連帯の和には、クリッパーズのドック・リバー監督とレイカーズのフランク・ボーゲル監督も加わっていた。レブロン・ジェームスは、メディアとのインタビューの中で、このパフォーマンスがキャパニックの行動と結びついていることに言及した。

私はキャパニックの誇りをしっかり示せたと思っている。私はＮＢＡ全体でキャパニックの誇りを持ち続けたいし、毎日バスケットコートの中でも外でも彼の意思を示して生きたいと願っている。キャパニックがその動きを始めた時、多くの人々は理解しようともしなかった。彼のインタビューを聞けば、国旗に対して、また国家や軍人に対しての抗議ではないと分かるはずなのに。ただ、私は違ったし、黒人コミュニティの多くも彼の言葉を聞いた。いま私は、彼がすべてを投げ出してまで抗議運動を始めてくれて、とても感謝しているんだ。(17)

レブロンは、試合前の国歌斉唱時に片膝をついた抗議活動を行い、キャパニックの行動への敬意と共感を表明した。また彼はこの時、左膝を床につけ、右拳を握りしめて掲げた写真を自身のインスタグラムに投稿している。右拳を掲げるパフォーマンスは、一九六八年に開催されたメキシコ五輪男子二〇〇メートルで金メダルと銅メダルを獲得したトミー・スミスとジョン・カーロスに由来していたと考えられる。

かつてカーロスらは、アフリカ系アメリカ人への差別に抗議するために、オリンピック前から大会ボイコットも含めて周到に検討した上で出場を決めた。メダルを獲得した上で、表彰式で黒い手袋を拳に着けて「黒人」差別に抗議した。彼らは、オリンピックを政治的な表現の場にしたために様々な非難を受け、競技活動からの引退に追い込まれ、その後、苦難に直面することになる。(18)しかし、カーロスらがこのような抗議行動を行わなければならなかった背景には、ファレッドが指摘する「亡霊」の存在があったことを考える必要はあるだろう。つまり、アメリカ社会には、奴隷制度や人種隔離政策などの「人種」に関わる負の歴史があり、スポーツ界で活躍するアフリカ系アメリカ人はこうした障壁をことあるごとに乗り越えながら権利を獲得してきた。
以上のことから、レブロンの身体には、「黒人」差別に抗議したスミスやキャパニックの政治的な身体が宿っていることは明らかだった。こうしたパフォーマンスは、アフリカ系アメリカ人が選手全体の八割近くを占める[19]ＮＢＡでは、当然の行為だったのだろう。
ファレッドが本書で指摘したように、ジョーダン時代には一見、ＮＢＡに「人種」問題がなくなったように見えた。しかし、スポーツ社会学者のデイビッド・アンドリュー[20]は、マイケル・ジョーダンに《人種という浮動的記号表現（Floating Racial Signifier）》という概念をあてはめ、彼のイメージがアフリカ系アメリカ人であるために、メディア報道の中で変化したことを指摘した。彼は、ジョーダンにこの概念をあてはめる根拠を次のように述べている。

一つの文化的構築物として、ジョーダンのメディア化された人種的アイデンティティは、安定し理想的なものでもなければ、一貫したものでもない。このアイデンティティは、力動的で複雑で矛盾したものである。それ故に、マイケル・ジョーダンの黒さという事実に言及し、彼の地位を［中略］、人種という浮動的記号表現として主張することは、おそらく正しい[21]。

アンドリューは、この用語を用いて、マイケル・ジョーダンがＮＢＡにおける驚異的な活躍のために「人種」を超越した英雄に祭り上げられる一方で、夜中にカジノに通う逸脱した「黒人」として語られるという矛盾した状況を説明した。ジョーダンはナイキの商業戦略によって、アメリカ人の大衆市場の感受性に訴えかけるオール・アメリカン（All-American）[22]、すなわち強靭な身体を持つ白人アメリカ人のアイデンティティを具現する者として描写された。彼は、危険で暴力的な「黒人」としてではなく、健全で近づきやすく強靭な身体を持つ「白人」としてのイメージを付与された。しかし賭博事件の際には、ジョーダンも「黒人」としての否定的イメージを持つ人物として描写されたために、彼のイメージが揺れ動いたことがうかがえた。つまり、グローバルなスーパースターとなったマイケル・ジョーダンでさえ、賭博事件などのスキャンダルがあれば危険な「黒人」として描かれており、「人種」差別という「亡霊」と無縁ではなかったことが指摘できる。姚への不当なファウルやBLM運動を鑑みると、現在でも「黒人」への「人種」差別の問題はアメリカ社会に生き続けており、この亡霊は神出鬼没であることがわかる。

BLM運動に参加した八村塁

多くの日本人は、アメリカのBLM運動を目の当たりにした時、日本には関係のない問題だと思ったのではないだろうか。日本社会はアメリカ等の多民族国家と比べ、相対的に民族的な同質性が高いと言われ、アフリカ系の血を引く八村や大坂のような人々は少数派となる。そんな日本社会に育った八村塁は、どのような「人種」的な問題に直面してきたのだろうか。

八村は、二〇二〇年六月にワシントン・ウィザーズのチームメイトとともに、TOGETHER WE STAND（ともに立ち向かおう）と書いた横断幕を持ってBLM運動のデモに参加していた。日本人選手が政治的なデモに参加することは珍しいが、彼はアフリカ系日本人であり、チームメイトとの連帯を示すためにも必要な行為だったのだろう。八村はこのデモ行進の時、黒い手袋を右の拳に着けていた。

彼は東京五輪前に、Airbnb（エアビーアンドビー）がスポンサーのオリンピアン・アンド・パラリンピアン・オンライン・フェスティバルで、「八村塁の文化とスタイル」という番組に出演した。マイケル・ジョーダン氏の娘であるジャスミンからBLM運動について話すように頼まれ、八村は次のように答えた。

それについて話すのは私にとっては難しいことです。ぼくは日本で黒人として育ちました。ブラック・ライブス・マターは米国での歴史にもっと大きく関わっていますし、私はそれについては詳しくはありません。だから、それについてはあまり語りたくはないのです。[23]

八村は同じイベントの中で、ウィザーズが本拠地とするワシントンはアメリカの首都で、チームが社会活動に熱心であると述べており、チームメイトからの働きかけもあってBLM運動に参加していたことがうかがえた。また彼は日本で生まれ育ったアフリカ系日本人であり、アメリカで歴史的に起こってきたＢＬＭ運動に関して自身の経験から話すことが難しいと感じていたようであった。

八村と同様に「ハーフ」のプロテニス選手である大坂なおみは、二〇二〇年のウエスタン・アンド・サザン・オープンの期間中に、前述した「黒人」男性が警官に背後から銃撃される事件が起き、大会を一時的に棄権した。その後の全米オープンでは、試合ごとに犠牲者の名前を書いたマスクを着用して登場し、「黒人」差別に抗議した。大坂はこの事件に関してツイッターで英語と日本語の談話を発表していた。八村と大坂のＢＬＭ運動への参加は、日本人にとってもこの問題は無関係ではないことを示唆していた。

八村は、一九九八年二月に富山県富山市で、日本人女性とアフリカのベナン共和国出身男性の間に生まれた。八村が育った地区にはアフリカ人の家族は他におらず、少年時代にはアフリカ系の外見のために苦労したようだ。例えば八村は、二〇一九年に放送されたＮＨＫの特集番組[24]の中で、初めて小学校に登校した時に、周りのクラスの子どもが「黒人」の子どもが珍しいからと八村を見に集まってきて、肌の色を気にして嫌な思いをしたと語っている。彼は、中学時代に恐喝の疑いをかけられたことがあった。実際に八村はそのようなことをしていなかったが、「背が高くて黒い子がカツアゲをした」という情報から教師に問い詰められたそうだ[25]。このように八村は、アフリカ系日本人として地方都市の富山市で過ごし、様々な偏見に直面しながら、その才能を開花させた。

彼は中学校からバスケットボールを始め、中学校三年時に全国大会で準優勝し、大会のベスト五に選ばれている。高校は仙台市にある明成高校に進んで一年生から試合に出場し、ウィンターカップで三連覇を達成した。スポーツジャーナリストの宮地陽子[26]は、八村とのインタビューの中で、「ハーフで苦労したことはないか」と質問し、彼は「(苦労したことは) ないです。絶対にハーフでよかったです。それは、もう言い切れます」と答えたと指摘している。八村は、立派な体格を授けてくれた両親に感謝しており、「ハーフ」であることに誇りを持っていた。

彼はアメリカのゴンザガ大学に進学し、一年生からメンバーに入り、三年次には中心選手として、全米選手権大会ベスト八進出に貢献した。八村はNHKの番組[27]において、自身を「黒人」だと認識していたが、アメリカでは「日本人」や「アジア人」としてみなされ戸惑ったと述べている。彼は自分の特徴を、アフリカ系日本人で、長身でバスケがうまい「ユニークでスペシャル」なものとして肯定的にとらえるようになっていた。

八村は、大学三年終了後の二〇一九年にドラフト一巡目九位で、日本人として初めてNBAのワシントン・ウィザーズに入団した。八村はドラフト会場で、両親とともにウィザーズへの入団を喜んだ。彼は記者会見で、当日着用したジャケットの裏地に富士山とベナンにちなんだ柄が描かれていたことを聞かれ、次のように答えた。「僕は日本とベナンのハーフで、日本で育ってきた。それが僕の根本。そういう思いをピンやスーツに乗せた[28]」。八村は日本とベナンの「ハーフ」として複数の民族アイデンティティを持っていることを、ジャケットの裏地を通して表現した。さらに八村は、スポンサー契約を結ぶジョーダン・ブランドから「エア・ジョーダン三四PE」というシューズを二〇二〇年八月に販売した。このシューズのデザインには八村の考えが取り入れられ、右足には日本をイメージした桜の花を、左足には父親の出身地であるベナンをイメージした色彩豊かな柄が描かれている。このデザインの作成意図を、八村は以下のように説明している。

父は西アフリカのベナン共和国出身です。私は自分が自分であることにいつも誇りを持っています。私の半分は黒人で、もう半分は日本人なのです。だから、私の背景にあるその二つの文化をシューズに混ぜたかったたし、それこそが私という人間を表現することでもあったのです。[29]

このように八村は、複数の民族的出自を持つことを誇りにしながら、様々な場面で自己表現していた。

われわれ日本人は「単一民族神話[30]」を信じる傾向にあると指摘され、日本人の両親から生まれ、日本で生まれ育つことが当たり前だと想定する者もいるかもしれない。しかし八村や大坂のように、複数の民族アイデンティティを内面化して生きる人々がいる。八村のジャケットは、彼の民族的な複数性を表象しており、彼を単純に「日本人」という枠にはめて理解できないことに気づかせてくれる。

八村はプロ一年目の開幕前にアメリカの記者から、アメリカでは「黒人」か日本人か、どちらとして見られるかと問われ、自分自身を「ブラッカニーズ（Blackanese）」と捉えていると答えた。[31]この用語は「黒人」と日本人を合わせた造語であり、アフリカ系日本人しての彼の民族アイデンティティをよく表していたと考えられる。しかし八村の活躍に対して、インターネット上で様々な書き込みがなされた。八村の弟の阿蓮は、二〇二一年五月に会員制交流サイトに、自分と兄に対する人種差別的な内容が送られてくることを公表した。[32] 例えば、「死ね、間違えて生まれてきたクロンボ」、「お前もお前の兄もバスケがうまいだけ」などのメッセージが送られてきた。それに対して兄の塁は「こんなの、毎日のようにくるよ」と反応していた。阿蓮は、日本人にも「人種」差別の問題を考えてほしかったために、このような書き込みを行った。この書き込みから、八村は、姚がプレイオフで経験したように、「人種」という亡霊に取り憑かれていたことがうかがえる。

八村はプロ入り一年目に四八試合に出場し、一試合平均一三・五点、六・一リバウンドとまずまずの成績を残し、オールルーキー・セカンドチームに選ばれた。彼は高校時代から日本代表候補に選ばれ、二〇二一年に開催された東京オリンピックにも日本代表として出場した。八村はこの五輪の開会式で日本選手団の旗手を務めた。東京五輪の大会ビジョンの一つに「多様性と調和」があり、大坂なおみの最終聖火ランナー起用とともに、八村の旗手はこのビジョンに基づいて決められたにちがいない。彼は、両親から受け継いだ身体を生かし、世界的なバスケットボール選手として順調に成長を遂げた。

八村は、東京五輪で予選リーグ三試合に出場し、一試合平均二二・三点をあげたが、日本代表はスペイン、スロベニア、アルゼンチンと対戦して三連敗した。NBA選手の八村と渡邊がいたとは言え、ドン・チッチ（スロベニア）やリッキー・ルビオ（スペイン）を擁する対戦国との力の差は歴然であった。東京五輪の後、八村は九月下旬に始まったウィザーズのトレーニングキャンプへの合流が遅れ、結局、開幕から二カ月後、一月九日のオーランド・マジック戦から復帰した。長期離脱の理由は個人的な理由とだけ発表され、憶測を生んだ。メンタルヘルスの問題や、五輪後のネット上での「人種」差別的な書き込みとの関係など、様々な理由を説明する報道がなされた[33]。
八村は、復帰後の記者会見で、「自分はバスケットボールが大好きなんだということを学んだ[34]」と発言している。彼はシーズン終了直後の日本代表チームへの合流に伴う過密日程や極度の緊張状態のために、バスケットボールをやる意味に疑問を抱き、競技復帰が遅れたのかもしれない。つまり、八村はある種の燃え尽き症候群に近い状態にあったのではないかと考えられる。
八村は、先述のジャスミンとの共演の中で、「人種」に関して次のように考えを述べている。

この世界には人種は一つだけであるべきです。五個も六個もあるべきではありません。違う人種はないと私は思います。だから一つだけだと思うのです。私は世界中の人間が一つになるべきだと感じています。とても難しいことだとは分かっていますが、私はこの世界には人種は一つしかないと考えています[35]。

八村の談話は、彼が日本社会で「人種」差別を経験し、アメリカで様々な「人種」や民族の人々と交流する中で得た実感と願望だったと考えられる。「人種は一つだけであるべき」という八村の主張は、「人種は存在しない」と指摘するジョルダンの考えと一致している。このことからも、「人種」を科学的ではなく社会的なカテゴリーとして理解することで、亡霊判定やＢＬＭ運動を解決する糸口を見つけだせるにちがいない。スポーツ選手の経験に基づく政治的な実践を通して、われわれも自分自身の持つ偏見や行動を顧みる機会とすれば、「人種は一つだけ」の社会でスポーツを楽しめるようになるのではないだろうか。

千葉直樹

注・引用文献

（1）千葉直樹（二〇一四）「第六章　一九八〇年代以降のＮＢＡのグローバル戦略と経営」、『グローバルスポーツ論』、デザインエッグ社、一一七―一三〇頁。
（2）同上。
（3）The Sporting News（二〇二一）「三九か国から一〇九人の米国外出身選手が二〇二一―二二シーズンの開幕ロスター入り」（https://www.sportingnews.com/jp/nba/news/2021-22-nba-rosters-international-players/bdghgwuknrr2123i3afvmfgqu）二〇二二年七月二三日確認。

（4）バン・デン・バーグ、ピエール（一九八八）「Race: perspective two（人種：展望二）」エリス・キャッシュモア編（今野敏彦監訳）『世界差別問題事典』明石書店、二一八―二一九頁。

（5）同上。

（6）ジョルダン、ベルトラン（山本敏充監訳・林昌宏訳）（二〇一三）『人種は存在しない：人種問題と遺伝学』中央公論社。

（7）同上。

（8）Chiba, N. (2012) Globalisation and management of the National Basketball Association since the 1980s. International Journal of Sport Management and Marketing, 11(3/4):143-157.

（9）McCann, M. A. (2006) The Reckless Pursuit of Dominion: A Situational Analysis of the NBA and Diminishing Player Autonomy. University of Pennsylvania Journal of Labor and Employment Law, 8(4): 819-60.

（10）Astramskas, D. (2018) The NBA Dress Code of 2005: Why It Was Created & How Players Reacted To It. 17th, Octorber, BALLISLIFE.COM. (https://ballislife.com/remembering-when-the-nba-created-a-dress-code-in-2005-was-it-racist/)二〇二三年八月一日確認。

（11）McDonald, M. and Toglia, J. (2010) Dressed for success? The NBA's dress code, the workings of whiteness and corporate culture, Sport in Society, Vol. 13, No. 6. August, pp. 970-983.

（12）ヘルズエンジェルスとは、アメリカのバイカー集団であり、多くの成員がタトゥーを入れている。

（13）注（11）と同じ。

（14）注（11）と同じ。
（15）注（11）と同じ。
（16）NBAの日本語版ホームページより（二〇二〇年八月二六日）。（https://www.nba.com/bucks/news/milwaukee-bucks-players-statement-following-boycott-game-5-nba-playoffs-vs-orlando）二〇二二年七月二三日確認。
（17）JASON RODMANというインターネット上のサイトより。（https://jasonrodman.tokyo/lebron-james-black-lives-matter/）二〇二二年七月二三日確認。
（18）カーロスらの詳細な活動については、山本の著書で詳しく扱われている。山本敦久（二〇二〇）「第五章　批判的ポスト・スポーツの系譜」、『ポスト・スポーツの時代』岩波書店、一六九―二〇〇頁。
（19）エンタイン、ジョン（星野裕一訳）（二〇〇三）『黒人アスリートはなぜ強いのか？：その身体の秘密と苦闘の歴史に迫る』創元社
（20）Andrews, D. L.（1996）The Fact(s) of Michael Jordan's Blackness : Excavating a Floating Racial Signifier, Sociology of Sport Journal, 13, 125–158.
（21）同上。
（22）注(20)と同じ。オール・アメリカンとは、Marableの用語であり白人を意味する。Marable, M.（1993）Beyond racial identity politics : Towards a liberal theory for multicultural democracy, Race & Class, 35 (1), pp. 113–130.
（23）Browne, K.（角谷剛訳）（二〇二一）八村塁「世界には、人種はただ一つしかない」三月二五日。（https://olympics.com/ja/featured-news/%E5%85%AB%E6%9D%91%E5%A1%81-%E4%B8%96%E7%95

%8C%E3%81%AB%E3%81%AF-%E4%BA%BA%E7%A8%AE%E3%81%AF%E3%81%9F%E3%81%9F1%E3%81%A4%E3%81%97%E3%81%8B%E3%81%AA%E3%81%84）二〇二一年一一月三〇日確認。
（24）ＮＨＫスペシャル（二〇一九）「ＮＢＡプレーヤー　八村塁～世界最高峰への軌跡～」一〇月二七日放送。
（25）週刊新潮、二〇一九年七月四日号、「八村塁の母と恩師が語る壮絶過去『カツアゲの濡れ衣』を着せられたことも」。
（26）宮地陽子（二〇一九）「『ハーフの子供たちのために』八村塁のルーツへの誇りと自信」Number Web Sports Graphic、四月一五日、(https://number.bunshun.jp/articles/-/838958)二〇二一年七月二三日確認。
（27）注（24）と同じ。
（28）朝日新聞（二〇一九）「八村塁、スーツ裏地に込めた思い『それが僕の根本』」、六月二一日。
（29）注（24）と同じ。
（30）「単一民族神話」とは、日本人が単一の民族から構成されているという考えである。しかし、日本には、アイヌ、琉球人、在日コリアン等、歴史的に少数民族も在住している。詳しくは以下の文献を参照。小熊英二（一九九五）『単一民族神話の起源：「日本人」の自画像の系譜』新曜社。
（31）注（24）と同じ。
（32）東京新聞（二〇二一）「人種差別メッセージは『毎日のようにくる』と八村塁　弟・阿蓮の問題提起に」五月六日付朝刊。

（33）Wallace, A.（二〇二二）「NBA八村塁の休養で浮き彫りになったメンタルヘルスに対する『日本社会の強い風当たり』」、二月一四日、COURRiER JAPON.（https://courrier.jp/news/archives/278168/); 日刊ゲンダイDIGITAL(二〇二二）「八村塁を追い詰めたヘイトメッセージと東京五輪 メンタルヘルスでNBAキャンプ初日不参加」、九月二九日、(https://www.nikkan-gendai.com/articles/view/sports/295320) 二〇二二年一一月三〇日確認。

（34）NBAジャパンニュース（2022）【試合後一問一答】帰ってきた八村塁「バスケットボールが本当に恋しかった」、一月一〇日、(https://www.sportingnews.com/jp/nba/news/returned-rui-hachimura-quotes-20220109/vc7n3tordr5g1wfl1vyxro4el) 二〇二二年一〇月九日確認。

（35）注（23）と同じ。

訳者あとがき

本書は、グラント・ファレッドが、二〇〇六年にPrickly Paradigm Press（シカゴ大学出版会）から出版した *Phantom Calls : Race and the Globalization of the NBA* の全訳である。彼はアメリカのコーネル大学アフリカ研究・調査センター教授で、専門は哲学、思想、政治、スポーツ、カルチュラル・スタディーズなどである。本書以外にも *Martin Heidegger Saved My Life* (University of Minnesota Press, 2015) など多数の著書を出版している。

本書は学術書ではなく、NBAの「人種」に関わる歴史や言説を紹介する随筆のような内容である。本書の内容は、以下の事件を切り口として展開される。二〇〇四—〇五年のNBAプレイオフで、当時ヒューストン・ロケッツに所属していた中国人の姚明に対して宣告された不可解なファウルを、ヘッドコーチのヴァン・ガンディが、「亡霊判定《ファントム・コールズ》」と呼び、アメリカや中国で「人種」に関する論争となった。著者は「亡霊判定」がなされた背景を理解するために、NBAの歴史を振り返り、「人種」差別という亡霊がポストジョーダン時代に現れた意味について考察する。一九九〇年代のマイケル・ジョーダンの活躍は、NBAをグローバルな企業に変えた。NBA選手の多くがアフリカ系アメリカ人によって過剰代表されている一方で、オーナー、コーチ、ファンの大部分が「白人」のアメリカ人によって占められていた。このような状況で世界的なスーパースターになったマイケル・ジョーダンは、「オールアメリカン（全米代表）」と呼ばれ、「人種」を超越した存在だと捉えられていた。ジョーダンの活躍によって、NBAには「人種」差別の問題はなくなったと考えられていた時に、中国人の姚に対して「人種」差別的な判定がなされた。この事件は、NBAを含むアメリカ社会に潜在的に「人種」差別的な考えが根強く、何かのきっかけがあれば亡霊のように蘇ることを暗示している。

筆者は、二〇〇八年に当時NBAコミッショナーであったデビッド・スターン氏にインタビューする機会があった。彼は忙しい仕事の合間を縫って、グローバル化に関する内容ということで私の調査に応じてくれた。当時日本のバスケットボール界は、日本リーグとbjリーグに分裂しており、NBA人気も低下していた時期であり、日本の状況を懸念していた。スターン氏は、二〇二〇年一月に七七歳で亡くなっている。この場を借りてご冥福を祈りたい。

スターン氏が中心となってNBAのグローバル化を推し進め、その結果、外国出身者の比率は年々高くなっていた。この変化は、アメリカ以外でのテレビ放映権料やグッズ収入等を増やし、スター選手の年俸を飛躍的に高騰させた。一方で、NBAと他の国々のプロリーグや国内リーグ間の格差も大きくなっている。NBAのグローバル化とジョーダン引退後に起こった「人種」差別の問題は、現代アメリカにおける「人種」問題を考える上でも興味深い。私は、スポーツとグローバル化の研究をしており、バスケットボールの競技経験があったためにこの本に興味を持った。原書の出版から一七年も経ってしまったが、八村塁のＮＢＡでの活躍やＢＬＭ運動などの最近の出来事を考えると、現在でも十分に出版する価値はあると考えた。中京大学の奨励研究費を活用し、今回、晃洋書房から本書を出版できることになった。二〇二一年出版の『スポーツとフーコー』に引き続き、晃洋書房の阪口幸祐氏には、海外出版権の交渉や出版に向けた書類作成など大変お世話になった。また途中から校正作業を担当した福地成文氏にもこの場を借りて感謝したい。著者のファレッド氏とは、メールを通して何度もやりとりを行ったが、いつも迅速に対応してくれた。ファレッド氏の協力にもこの場を借りて感謝したい。

最後に、私にＮＢＡとバスケットボールの魅力を伝えてくれた亡き友、小川晋一郎にこの訳本を捧げる。彼は小学校と中学校時代に同じ部活で汗を流し、最初にＮＢＡのビデオを私に貸してくれた親友であった。彼とは、当時ＮＢＡのスーパースターであったラリー・バード、マジック・ジョンソン、マイケル・ジョーダン等のプレイについて熱く語り合い、足下にも及ばないレベルだったが、彼らのプレイを真似した。彼のＮＢＡとバスケットボールへの情熱に感化されて、私や当時の同級生は次第にこの球技に熱中していった。高校に進学してからは疎遠になり、たまに集まってお互いの近況について語り合っていた。しかし彼は二一歳の時に突然、交通事故で早世してしまった。私は親しい友人を亡くしたことがなく、彼の死を受け止められなかった。大学を卒業してからは競技を引退したこともあり、ＮＢＡを観なくなった。北海道の短大に二〇〇四年に就職し、男子バスケットボール部顧問になってから、またＮＢＡを観るようになった。この本を訳し始めて、一九八〇年代や九〇年代のスター選手の名前を聞くたびに、中学時代にNBAに熱中していた当時のことを思い出した。本書を二〇〇八年に訳し始めてから一〇年以上休止していたが、私に翻訳を再開させたのは晋一郎という「亡霊」だったのかもしれない。彼のNBAへの情熱が私を何度も翻訳に向かわせてくれたにちがいない。私は、NBAのスター選手や晋一郎から多くの影響を受け、競技や指導を続け、今回、NBAの歴史や「人種」問題に関する本を訳すことができた。この訳本を通して、NBAやスポーツ界における「人種」問題への理解を深める読者が一人でも増えればこれ以上の喜びはない。

終わりの見えないコロナ渦の名古屋より

千葉直樹

《著者紹介》

グラント・ファレッド（Grant Farred）

1988年に南アフリカの西ケープ大学を卒業．1990年にコロンビア大学で修士号取得．1997年にプリンストン大学で博士号取得．アメリカのコーネル大学アフリカ研究・調査センター教授．専門分野は，ポストコロニアル研究，人種，スポーツ理論，カルチュラル・スタディーズ，文学研究．本書以外にも *Martin Heidegger Saved My Life*（University of Minnesota Press, 2015）など多数の著書を出版している．

《訳者紹介》

千 葉 直 樹（ちば　なおき）

1973年神奈川県に生まれる．2002年に中京大学大学院体育学研究科を修了し，体育学博士号を取得．中京大学スポーツ科学部競技スポーツ科学科教授．専門分野はスポーツ社会学，スポーツ哲学．著書には，『グローバルスポーツ論』，『スポーツとフーコー』（訳本）等がある．ホームページ：http://openweb.chukyo-u.ac.jp/~nchiba/index.html

ファントム・コールズ
――人種とＮＢＡのグローバル化――

2023年２月28日　初版第１刷発行　　＊定価はカバーに表示してあります

著　者　グラント・ファレッド
訳　者　千　葉　直　樹
発行者　萩　原　淳　平

発行所　株式会社　晃　洋　書　房
〒615-0026　京都市右京区西院北矢掛町７番地
電話　075(312)0788番㈹
振替口座　01040-6-32280

装丁　㈱クオリアデザイン事務所　　印刷・製本　西濃印刷㈱

ISBN 978-4-7710-3711-3